JN029630

教育格差の診断書

教育格差の診断書

川口俊明 編
Toshiaki Kawaguchi

データからわかる実態と処方箋

岩波書店

調査の概要

1　いろは市学力パネルデータ

本書で利用するデータは、西日本のある自治体（以下、いろは市と仮称する）の二〇一六年度の小学四年生を対象に実施された、いろは市学力パネルデータである。パネルデータとは同一の対象を継続的に調査することで得られるデータのことで、いろは市学力パネルデータの場合、二〇一六年度の小学四年生を対象に、調査対象となった一人一人の子どもの学力や生活実態が一年ごとにどう変化するのか把握できるようになっている。

いろは市学力パネルデータの大部分は、同市の教育委員会が行っていた学力調査・生活実態調査である。これらの調査は、毎年度、小学四年生から中学三年生までの学年の児童生徒全員を対象に行われており、市や各学校の実態把握に利用されてきた（ただし、小学六年生と中学三年生は、全国学力・学習状況調査で代用されている）。もっとも、これら調査データの分析は、基本的にその年度で完結しており、過去のデータを改めて分析し直したり、個人単位でデータを繋げて学力の変化を把握したりといった試みは行われていない。その意味では、同市の学力調査・生活実態調査のデータは「死蔵」されていたとも言える。

私たち研究者が、このデータを活用しようと思い立ったのは、同市が二〇一六年度に文部科学省委託事業として行われた調査（福岡教育大学 二〇一七）の対象に含まれていたことがきっかけである。この調査では、調査対象となった自治体の小学四年生・六年生、および中学三年生に対し、保護者の年収・学歴などを問う保護者質問紙調査と、学習習慣や非認知能力を尋ねる子ども質問紙調査が実施された。詳しくは第1章で説明するが、日本では保護者の学歴や年収を把握できる学力調査がほとんど行われていない。保護者の学歴・年収を把握でき、かつ子どもの学力の変化を把握できる調査となると、さらに数が少なく、学力研究の進展を阻む大きな足枷となっている。

この点、いろは市の学力調査・生活実態調査は小学四年生から中学三年生までの全員が対象となっているから、個人単位で接続すれば、子どもたちの学力や生活実態の変化を把握できる。さらに、二〇一六年度の小学四年生は保護者の学歴や年収といった情報がわかるから、これらの調査を組み合わせれば、保護者の学歴・年収を把握でき、かつ学力や生活実態の変化を把握できるデータを作ることができる。このように考えた私たちは、文部科学省・いろは市教育委員会の許諾を得た上で、関連するデータを接続する作業を行った。なお、いろは市の学力調査・生活実態調査だけでは、子どもたちの学習習慣や非認知能力といった情報は得られないので、文部科学省の科学研究費補助金を得て、二〇一六年度に実施された子ども質問紙調査を二〇一七年度以降も続けて実施し、情報を補完することにした。こうして得られたすべてのデータを個人単位で接続することで、いろは市の二〇一六年度の小学四年生の学力・生活実態を継続的に把握できる、いろは市学力パネルデータが生まれたのである。

表 0-1　いろは市学力パネルデータの概要

2016	2017	2018	2019	2020
小 4 学力(市)皆 生活実態(市)皆 保護者(文)抽 児童(文)抽	小 5 学力(市)皆 生活実態(市)皆 児童(科)抽	小 6 全国学テ 皆 児童(科)抽	中 1 学力(市)皆 生活実態(市)皆 生徒(科)抽	中 2 中止

表中の略号は，それぞれ以下の意　(市):市が実施　(文):文科省委託事業
(科):科研費で実施　皆:悉皆調査　抽:抽出調査

もっとも、個々の調査の実施主体が異なっていることが、データの複雑さを生んだことも事実である。たとえば、いろは市教育委員会が実施する学力調査・生活実態調査、および全国学力・学習状況調査は、対象となるすべての子どもが調査を受ける悉皆実施だが、二〇一六年度の保護者調査や、学習習慣や非認知能力を調べるために私たちが独自に行った調査は、予算の関係もあって学級単位で対象を抽出して実施されている。他にも、保護者調査は二〇一六年度の一度しか行われていないため、二〇一七年度以降の保護者の年収の変化といった情報は捉えることができない。そのため学力データはほぼ全員のものが揃うが、それ以外の情報は抽出調査の対象となった子どもの分しか存在しない。また、各年度で学級抽出が行われているから、すべての時点で調査対象となった子どもはそれほど多いわけではない。こうしたパネルデータの構造については、表０‐１を参照してほしい。なお、調査自体は現在も継続中だが、二〇二〇年度（＝中学二年生時点）の調査は、新型コロナウイルス感染症対策のための休校措置の影響で中止されている。

個々の調査は相互に独立しているが、氏名・学校名・学級・出席番号といった情報が得られたため、これを利用して個票を接続しパネルデータとした（なお、氏名についてはＩＤ化されている）。加えて、いろは市教育

委員会が独自に実施している生活実態調査は、文部科学省の全国学力・学習状況調査の児童質問紙に準拠して作成されており、全国データと比較しやすいという特性がある。

いろは市学力パネルデータについては、既にいくつか報告書が執筆されている（川口 二〇二〇、二〇二一）。調査の詳細について関心のある方は、そちらもあわせて参照してほしい。なお、本書執筆時点でデータの整理が終わったのが小学六年生時点までだったため、本書で扱うデータは二〇一六年度から二〇一八年度までの三年分に留まっている。二〇一九年度以降の情報についても、随時、研究論文などで公表していく予定なので、関心を持った方は参照してほしい。

2　調査対象地の特性

ここで調査対象となる、いろは市の特性について簡単に触れておく。いろは市は、西日本の主要都市の一つである。全国的に高齢化・少子化が著しいと言われるが、転勤族や周辺の自治体から就職・進学する若者が存在するため、いろは市ではその影響は一定程度抑えられている。その意味では、いろは市は立地に恵まれた自治体の一つであると言えるだろう。もっとも、いろは市に住む人々が全国平均と比べてきわめて裕福ということはない。表０‐２は二〇一三年度の全国学力・学習状況調査の追加調査（きめ細かい調査）の保護者調査と、いろは市の小学六年生の保護者の年収の分布を比較したものである。いろは市の方が年収の分布がやや上に偏っているが、それでも全国平均と大きな差はない。

表 0-2　いろは市と全国調査における世帯年収の分布の比較(%)

	いろは市	全国調査		いろは市	全国調査
200 万円未満	5.4	6.7	700 万～800 万円未満	10.6	10.4
200 万～300 万円未満	6.6	8.2	800 万～900 万円未満	8.5	6.3
300 万～400 万円未満	10.5	12.6	900 万～1000 万円未満	6.8	5.0
400 万～500 万円未満	12.3	14.9	1000 万～1200 万円未満	7.4	5.3
500 万～600 万円未満	13.3	14.0	1200 万～1500 万円未満	3.1	2.6
600 万～700 万円未満	12.0	11.9	1500 万円以上	3.4	2.1

教育という面でいうと、いろは市の特徴の一つに、私立中学校への進学率が低いというものがある。関東圏では、私立中学校への進学率が相対的に高く、とくに恵まれた家庭を中心に私立中学校受験が一般的であると思われるが、いろは市ではそのような傾向はほとんど見られない。私立中学校への進学を目指す層は一定数存在するが、それでもその割合はせいぜい数%で、二割や三割の子どもが受験する関東圏の自治体に比べれば、低い値に留まっている。

断っておくが、私たちは本書の知見が、日本のすべての自治体に当てはまるとは考えていない。恐らく、私学進学率が低い地方都市の自治体には当てはまる可能性が高いだろうが、私学進学率が高い関東圏の自治体や、地方都市の周辺部の自治体には当てはまらない可能性が高い。知見よりも私たちが着目してほしいのは、本書が採用している「方法」である。詳しくは第1章以降で論じるが、日本の教育行政が行う学力調査は、そのほとんどが「やりっ放し」になっている。これでは、あまりにももったいない。せっかく学力調査・生活実態調査を実施するのであれば、その活用をもっと考えるべきである。本書の目的は、「学力調査を活用することで何がわかるのか」を示すことにある。知見はもちろん参考にしてほしいが、それ以前の調査方法にも着目してほしい。私たちの望みは、全国各地で類似の試みが広がっていくことである。

なお、本書では自治体の情報を匿名化するため、学校数・児童生徒数に関する詳細な情報は掲載しない。ただ、一般的な分析に堪えうるだけのサンプルサイズ（小学校で約一〇〇校、中学校で約五〇校）は確保されている。

最後になるが、本書の調査は、福岡教育大学・研究倫理委員会の承認を受けて実施されたものである。同時に、科学研究費補助金の助成（JP17H02683）による成果の一部であることを付記しておく。

参考文献

福岡教育大学、二〇一七、『児童生徒や学校の社会経済的背景を分析するための調査の在り方に関する調査研究』全国学力・学習状況調査 平成二八年度 追加分析報告書（https://www.mext.go.jp/a_menu/shotou/gakuryoku-chousa/1398191.htm）。

川口俊明、二〇二〇、「教育行政が有するデータを利用した教育格差の実態把握」『福岡教育大学紀要』六九（四）、一七─二五頁。

川口俊明、二〇二一、「教育行政が有するデータを利用したパネルデータの設計と分析」『福岡教育大学紀要』七〇（四）、一九─二七頁。

目　次

第1章　日本の教育行政が実施する学力調査の問題点

川口俊明

1　「やりっ放し」の学力調査

文部科学省が実施する全国学力・学習状況調査を筆頭に、現在の日本の教育行政は、小中学生を対象とする学力調査をいくつも実施している。文部科学省が公表している資料によると、ここ最近は全体の八割近い都道府県・政令指定都市の教育委員会が、独自の学力調査を実施しているそうだ(1)。あいにく正確な統計はないものの、独自の学力調査を行っている市町村教育委員会もあるから、日本の子どもたちは、多い場合は年に三回(全国調査、都道府県の調査、市町村の調査)の学力調査を受けていることになる。

今から二〇年近く前、教育社会学者の苅谷・志水らは、教育行政がこぞって学力調査を実施する状況を指し、「学力調査の時代」と呼んだ(苅谷・志水編 二〇〇四)。もっとも同時にかれらが指摘していたのは、これら学力調査の多くが、ほとんど分析もされないまま「やっただけの調査」になっているという点である。多くの調査は、平均正答率や、とくに根拠もない通過率が示されるだけであり、細かな分析が行われることもないというのだ。かれらの指摘から二〇年近くが過ぎた現在でも、このような状況はあまり変わっていないように思う。いくつか学力調査をもとにした詳細な分析が行われ、教育政策に活かされた例はあるものの、その数は全体から見れば明らかに少ない(川口 二〇二〇a)。

なぜ、このようなことになるのか。恐らくその理由は、何のために学力調査をするのか、学力調査がどのように役に立つのかといった基本的な論点が、ほとんど知られていないからである。日本では、テストが果たす役割や、適切にテストを設計するための知識を学ぶ機会が少ない(木村 二〇一〇)。そのため教育関係者といえど、学力調査に関しては、一般の人とそれほど変わらない知識しか持っていないのである。

日本の学校で教育を受けてきた人たちが持つテストのイメージは、日々の学習の定着度合いを確かめる確認テストか、あるいは入学試験の際に利用される選抜テストであろう。前者は、学校の教室で日々の学習の定着を確認するために行われるテストであり、たとえば一〇〇点満点の漢字テストを想像すれば良い。後者は、入学試験のような合格者を決めるためのテストであり、他人より一点でも高い点数をとって、定められた枠に残ることが重要になる。

いずれのイメージもテストが果たしている役割として間違っているわけではないが、教育行政が実施する学力調査としては不適切である。日々の学習の定着を確認したいなら、目の前の子どもたちの実態をよく知る各学校の教員が、必要なテストを作成すればいい。仮に忙しくてテストを作る時間がなかったとしても、市販のテストがいくらでも販売されているはずである。わざわざ国(あるいは都道府県教育委員会)がテストを作って、一人一人の児童生徒の学習状況を把握する必要性は薄い。また、すべての子どもが通う小中学校教育において、行政が選抜を行う必要はないから、選抜のためのテストというイメージも、行政が実施する学力調査としては間違っている。

要するに、教育行政が実施する学力調査は、確認テストや選抜テストとは違うのだ。学力調査を役立たせるには、そもそも、なぜ行政が学力調査を実施する必要があるのかという問いに答えなければならないし、同時に、その目的を達成するために必要な学力調査の設計はどうあるべきかを考えなくてはならない。

本書は、何のために学力調査が必要なのか、学力調査を使えば何がわかるのかという点を、実際のデータを使いながら紹介したものである。学力調査を企画・分析する教育行政の担当者はもちろん、何のために実施しているのかよくわからない「学力調査モドキ」に振り回されている学校関係者にとっても参考になるはずである。

もちろん、教育に関心を持つ人なら誰でも本書を読んでほしいと思う。実際のところ、教育行政が「学力調査モドキ」を続けられるのは、一般の人たちが関心を持たないからである。多くの人が、何となく「こんなものだろう」と思って納得しているからこそ、それに安住して行政の側も「学力調査モドキ」を続けることができるのだ。学力調査を改善するには、教育関係者はもちろん、広く一般の人が関心を持つことが必要なのである。

それでは学力調査は、教育関係者のみならず一般の人が関心を寄せる価値のあるものだろうか。私たちの答えは、ＹＥＳである。学力調査は「教育格差」の実態把握の有力な手段である。私たちの社会では、保護者の学歴や年収、あるいは住んでいる地域といった「生まれ」の違いによって、子どもが受けられる教育に差が生じている。受けられる教育に差があるのだから、その差は学力や、ひいては将来の進路の差へと繋がっていく。これを「教育格差」(松岡 二〇一九)と呼ぶ。教育格差は、学校教育に関わる人であれば誰でも(つまり、この社会に育つ人は誰でも)関心を持たざるを得ない重要なテーマである。学力調査によって、日本の教育格差の実態を把握し、できるなら解決への糸口を見つけようというのが、私たちの基本的な問題関心である。

2 なぜ、いろは市学力パネルデータが必要なのか

2.1 問題だらけの学力調査

教育格差という視座から見たときに、日本の学力調査には問題が多い。恐らく、その典型的な例は、文部科学省が実施する全国学力・学習状況調査である。この調査については、既にさまざまな批判がなされている(川口 二〇二〇b)が、ここであらためてその課題を整理しておこう。

一つ目の課題は、何の学力を測定しているのかよくわからないという点だ。国語や算数(数学)の学力を測っているのではないかと思う人もいるだろうが、話はそう簡単ではない。わかりやすい例として、中学校の国語を取り上げよう。多くの人が経験したように、中学校の国語という教科では、現代文の読解はもちろん、古文や漢文といったかなり幅広い領域を扱っている。それでは、これらすべてをカバーする包括的な「学力」とはどのようなものなのだろうか。

学力のイメージが曖昧だというのは、理念的な問題にとどまらない。イメージが曖昧ということは、学力が上がった/下がったという変化を論じることができないということを意味する。たとえば社会

科のテストを考えよう。日本の小学校では、五年生で地理を学び六年生で歴史を学ぶといった具合に、学年によって学ぶ内容が大きく異なることがある。このとき五年生と六年生の社会の点数を比較して、学力が上がった／下がったと考えて良いのだろうか。

こうした例からわかるように、「学力を測る」という作業は意外と難しい。実は学力に限らず能力全般をどう測定すれば良いのかという問題については、教育測定と呼ばれる分野を中心に、相当な議論の蓄積がある。(2) ただ、日本の学力調査／学力テストでは、その知見が十分に活かされてこなかった。そのため、何を測っているのか今ひとつわからなかったり、学力が上がった／下がったという議論ができなかったりするテストが、「学力調査」という名目で実施されていることが珍しくないのである。

こんな状況なので、日本の学力調査を使って、今の子どもたちの学力が、過去と比べてどう変わったか知ることは容易ではない。日本が含まれる国際的な学力調査のデータを利用した方が、よほど日本の学力実態がわかるのだ。もちろん、教育政策が学力に与える影響を把握することも難しい。つい最近も、新型コロナウイルス感染症に伴う休校措置によって子どもたちの学力が低下したのかどうかが話題になったが、学力の変化を把握できない全国学力・学習状況調査は、毎年度実施しているにもかかわらず、この問いに答えられないのである。

二つ目の課題は、家庭環境に関する指標がほとんどわからないという点だ。教育格差という観点からすると、これは致命的な欠点である。「生まれ」によって学力に差が生じているかどうかを知るためには、学力テストだけでは不十分で、子どもたちの家庭環境に関する指標や本人の性別などの情報を収集する必要がある。これらを社会的属性（あるいは単に属性）と呼ぶのだが、全国学力・学習状況調査には属性情報を収集する術がほとんどない。

ここには、日本の学校教育が、子どもの社会的属性を調べることを忌避してきたという歴史的な経緯がある(苅谷 一九九五)。もちろん個々人の家庭環境に関する情報は、プライバシーに属するものだから、個人情報の保護という観点から慎重になるのはやむを得ない。ただ日本の学校教育には、個人情報の保護云々ではなく、そもそも子どもたちの間に「差がある」ということを表出すること自体が問題だと捉える意識が存在している。教室に入れば同じクラスの仲間なのだから、同じように扱うのが「平等」だという理屈のようだ。全国学力・学習状況調査も、もともと家庭環境に関する情報を調べる予定だったのだが、個人情報を国が収集することに対する懸念や、子どもが傷つくといった批判もあり、実施を取りやめた経緯がある(川口 二〇二〇b)。

「差がある」ことを可視化すると子どもが傷つくという発想はわからないでもない。しかし後に本書でも指摘するように、保護者の学歴や年収と子どもの成績のあいだには明らかな関連がある。この差を指摘することが「差別」であり、触れない方が良いと言うのであれば、それは現実にある差を存在しないものとして扱い、現状を肯定することだ。一人一人の子どもに配慮した結果、社会の不平等は見過ごすというのでは、一体何のために学校はあるのかという話になってしまいかねない。直接子どもに尋ねるのが問題だというなら、納税情報なり、就学援助を受けているかどうかの情報なり、間接的に調査する方法はいくらでもある。一人一人の個人情報に配慮しつつ、社会の不平等を明らかにする術について、教育行政はもっと知恵を絞るべきである。

三つ目の課題は、一時点の学力調査が多いという点である。日本で実施されている学力調査の多くは、ある一時点の子どもの実態を調べるに留まっており、子どもたちの学力の変化を把握できる調査は数えるほどしかない。これは、近年の教育研究のトレンドからすると、大きな問題である。最近の研究では、同一の対象を追跡したパネルデータへの関心が高まっている（筒井ほか編 二〇一六）。詳しくは第2章で扱うが、そこには保護者の年収が高い子どもと低い子どもがどう違うのかという「個人間」の違いから、保護者の年収が高まる（あるいは低くなる）と子どもにどのような変化が生じるのかという「個人内」の違いへという問題関心の深化がある。中には、さらに踏み込んでどのような要因が変化を生じさせるのかという「因果」を扱った研究や、学力の高低が将来の進路や職業にどのような影響を与えるのかといった中長期の影響に関心を当てた研究もある。第2章で見ていくように、一時点のデータをもとにした分析と二時点以上のデータを扱った分析では、同じテーマでも結果が大きく異なることも少なくない。日本でも、研究成果を実践や施策に活かすことが重要だといわれるようになっているが、結果が大きく異なる可能性がある以上、一時点のデータだけに頼るのは危険である。

ここまで三つの課題を取り上げてきたが、こうした課題は教育格差のみならず、教育政策という観点から見ても好ましくない。学力の変化が把握できないということは、教育政策の影響を評価する指標の一つが機能していないということだし、家庭環境の情報がないということは、子どもの貧困や格差が関心を集めているにもかかわらず、実態は何もわからないということである。そして一時点の学力調査が多いということは、近年の教育研究のトレンドを行政が知らないということを意味している。

冒頭で述べたように、日本では少なくない自治体が学力調査をしているが、その多くは、学力の変化も子どもの家庭環境も調べていないし、継続して情報を蓄積していく体制も整っていない。しばしば日本の教育施策に対して「教育改革のやりっ放し」という批判がなされることがある（松岡編 二〇二一）が、このような学力調査の有様を考えれば、そうした批判もやむを得ないところではある。

先ほど現在の日本の学力調査の課題を指摘した。もっとも課題を指摘するだけでは不十分である。なぜなら、ここまでに指摘した課題は既に先人によって指摘され、そして現在まで改善されず、そのままになっているからだ。恐らく批判するだけでは駄目なのだろう。「今」具体的に何ができるのか考える必要がある。

2.2 「今」何ができるのか

これまで教育格差に関心を持つ研究者たちがとってきた方法は、いくつかある。しばしば行われてきたのは、調査の趣旨を理解し、協力が得られやすい学校で調査を実施するというものだ。こうした「ツテ」を利用した調査は、調査がスムーズに進むので多用され、日本の教育格差の実態を明らかにする上で一定の役割を果たしてきた（川口 二〇二〇ａ）。ただ、続く第2章で見ていくように、そこには一定の限界がある。協力を得られやすい学校は、恐らく教育熱心な校長（ないし教員）が率いているから、得られたデータは何らか偏っている可能性が高い。つまりツテを頼った調査は、そこに潜む偏りを補正する術がなければ、得られた知見を一般化しがたいのである。調査をすることが難しいという事情は理解できるが、だからといって、一般化の難しい知見を積み重ねて良いということにはならない。日本の教育研究では、現在もツテを頼った調査が行われることがあるが、同時にその限界は意識される必要がある。

もう一つよく使われてきた方法は、そもそも学校や教育行政を経由せずに調査を実施してしまうというものだ。保護者の学歴と子どもの教育達成に関連があることを示す信頼性の高い調査の一つに、社会学者が実施するＳＳＭ調査（Social Stratification and Social Mobility 調査）がある。[3] この調査は、学校や教育行政とは独立に、直接に調査対象となった人々に質問して実態を明らかにする調査である。ＳＳＭ調査以外にも、直接に保護者に連絡を取ることで、日本の教育実態を明らかにしようとする調査はいくつか行われているし、中には独自の学力調査を行っているものもある。[4]

これらの調査は、選挙人名簿や独自に構築した保護者の名簿などを利用して調査対象を選択しているので、学校や教育行政と連絡を取らずに実態を調べることができるという利点がある。もっともこれは、裏を返せば学校の情報を手に入れることができないという欠点を持つという意味でもある。たとえばＳＳＭ調査は中学校時点の成績について尋ねているが、これはあくまでも学校を卒業した人たちに振り返って答えてもらっているだけで、在籍時の学力調査の結果がわかるわけではない。加えて、これらの手法では、日本の教育行政や学校が抱える課題は、基本的に批判や検討の対象にならない。つまり、教育行政が実施する調査がどうあるべきかといった議論は、このような調査方法を利用する研究者の関心の外にある。

恐らく上記の二つが、これまでの日本の教育研究でしばしば行われてきた調査手法である。繰り返しになるが、いずれの調査も日本の教育格差の実態について有益な知見を提供してきたことは確かである。一方でこれらの調査は、教育行政が実施する学力調査の課題を変えることは諦めているか、そもそも関心から外れている。これでは現状は変わらない。

このような状況に対して、ここ数年のあいだに現れた手法が、教育研究者と教育行政が協力して調査を実施するというものである。協力の仕方には、さまざまなスタイルがある。たとえば埼玉県の学力調査は、教育測定の知見を取り込んで実施した調査である。東京の足立区や大阪の箕面市では、行政が研究者の手を借りて子どもに関わる行政情報をつなぎ合わせて分析に利用するという試みも見られる。こうした調査は、行政が主体となって実施する調査なので、一人一人の細かな情報が把握できるという利点がある。一方で、教育行政が主体となって実施する調査なので、どうしても行政特有のシガラミが生じることがある。たとえば埼玉県学力調査の場合、学校や地方の教育委員会に配慮する必要があってか家庭環境に関する情報はほとんど得られない。また行政データは必ずしも研究目的に収集されていないので、学習習慣や非認知能力といった教育に関する重要な情報が存在しないこともある。そもそもの問題として、こうした行政が主体となった試みは、教育行政内部に非常に高い志を持ち、教育研究に通じた人材がいないとうまくいかない。先進的な自治体であればともかく、一般的な自治体にはハードルが高いだろう。何かもう少しハードルを下げる方法はないだろうか。

このような考えに基づき、私たちが作成したのが、いろは市学力パネルデータである。そのコンセプトは、行政が既に有している既存の情報を、外部の研究者が整備して活用するというものだ。調査の概要については本書の冒頭で解説したので、以下では調査の利点や課題について、もう少し説明しておこう。

3　いろは市学力パネルデータの意義と課題

いろは市学力パネルデータのポイントは、先ほど第2節で指摘した日本の教育行政が実施する学力調査の課題を改善・克服した点にある。以下、順に論じよう。

第一の特徴は、不完全ではあるが、学力調査の質を改善したという点である。自治体が実施する学力調査には、大きく分けると業者が作成・販売しているテストを利用する場合と、教育委員会が独自に作成したテストを利用する場合の二パターンがある。前者の場合、テストの質を研究者が検討することは容易ではない。著作権の関係で、個々の設問が公表されていないことが多いからである。テストとして販売されているのだから、それなりの質は担保されているのかもしれないが、研究に利用できる水準なのかどうか十分な情報が公表されていることは稀である。加えて市販されているテストには、一時点の学力を測ることはできるが、異なる時点の学力を比較し学力の変化を論じることはできないものが多い。そのため学力パネルデータとしては不向きである。

幸いなことに、いろは市で行われていた学力調査は教育委員会が独自に作問をしていたため、教育委員会の許可を得ることで再分析が可能であった。そこで私たちは教育測定の知見に基づきテストを再分析し、個々の子どもの点数を再計算することにした。技術的な詳細は別論文を参照してほしい（川口ほか 二〇一九）が、結果として、いろは市の小学四年生の算数の学力については、その変化を捉えることが可能になっている。

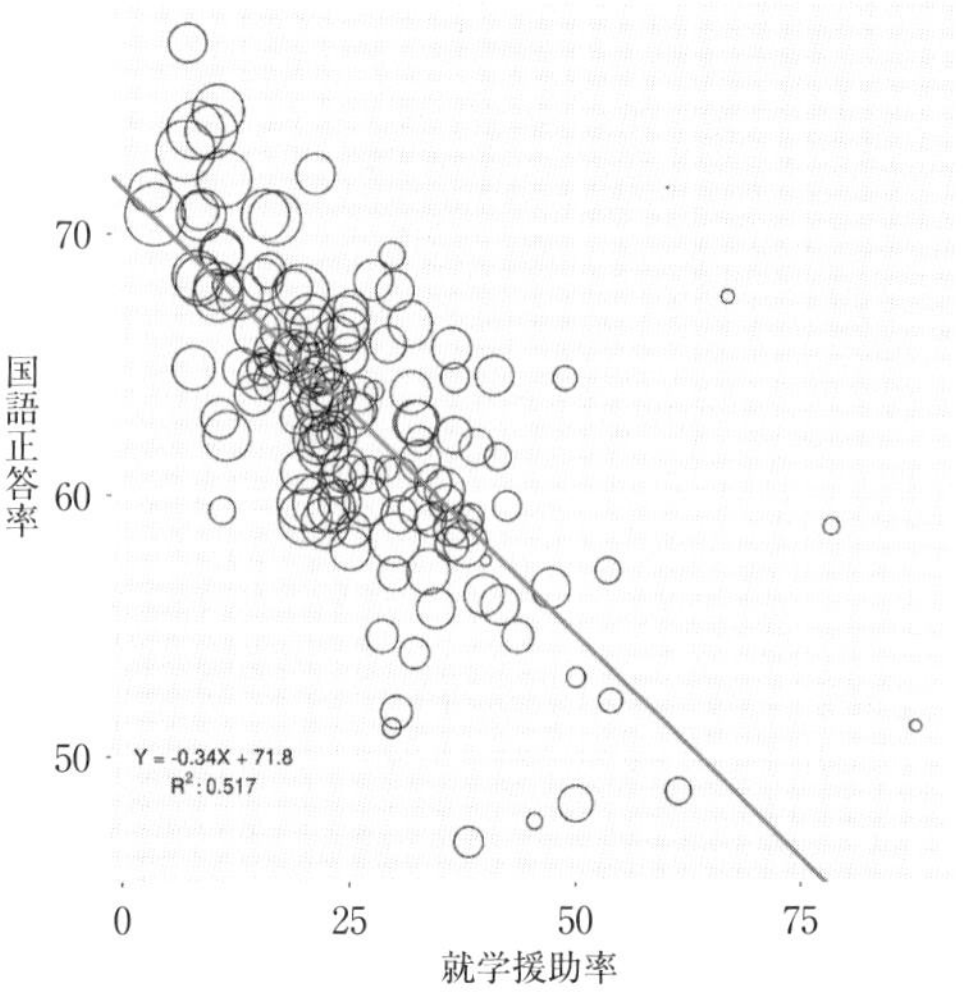

第二の特徴は、子どもたちの家庭環境を示す指標として、保護者の学歴や年収、あるいは就学援助を受給しているかどうかといったデータが利用できるという点である。これらの指標を教育研究では、SES（Socioeconomic Status）指標と呼ぶが、学力の変化に加え、こうした情報が利用できる学力調査は貴重である。この利点を活かして作成したのが図1－1だ。

図1－1　就学援助率と正答率（国語）の関連

図1－1は、学校ごとの就学援助率と国語の正答率の関連を示している。縦軸は全国学力・学習状況調査の小学六年生の学校ごとの平均正答率を示し、横軸は学校ごとの就学援助率である。ちなみに図中の直線は回帰直線と呼ばれる線で、就学援助率と学校の正答率のおよその関連を示している。図を見て明らかなことは、就学援助率が高まると学校の正答率が下がるという点である。さらに、図の左下や右上には学校が存在しない。これが意味するところは、就学援助率さえわかれば、学校の平均正答率は予測できてしまうということである。学校の平均正答率を、個々の学校や教員の頑張りを示す指標と考えている人も少なくないが、この図を見れば、そのような考えが現実を無視した楽観論であることは理解できるだろう。学力

を扱う教育研究では、分析の際に子どもや学校の社会経済的要因を考慮するのが当たり前になっているが、それは、図１‐１のような実態があることが広く知られているからだ。

断っておくが、図１‐１を描くのに専門的な知識はほとんど必要ない。一般的な自治体であれば、学校ごとの学力調査の正答率や、就学援助を受けている児童生徒の割合といった情報は既に持っているはずである。欠けているのは、この両者を繋げて分析しなければならないという教育研究の常識である。いくら情報を持っていても、それをどう活用するか知らなければ宝の持ち腐れになるということだ。

第三の特徴は、パネルデータになっているという点である。いろは市学力パネルデータでは、小学四年生以降の学力の変化を把握できる。ここに、ＳＥＳ情報がわかるという利点を加えると、図１‐２のような発見ができる（川口ほか 二〇一九）。

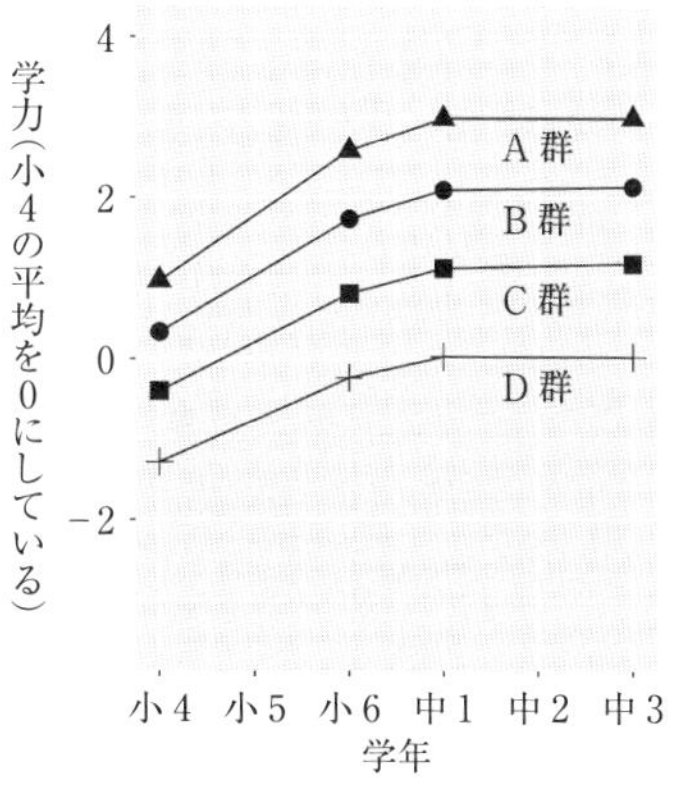

図1-2　小学4年生から中学3年生までの学力の変化

図１‐２は、小学四年生から中学三年生までの算数（数学）の学力変化の軌跡を解析したものだ。努力すれば最初は成績が低くてもそのうち成績は向上するとか、逆に最初は成績が高くても努力を怠れば成績が下降すると思っている人は多いだろう。しかし分析の結果わかったことは、小学四年生から中学三年生までの成績変化は四群（図のＡ群～Ｄ群）に分類されるが、それは小学四年生時点の成績の高低が、その後も続くというものだった。

さらに、もっとも成績の高いA群では就学援助を受けている児童が九%であったのに対し、成績の低いD群では、その割合は五〇%近くに達していたのである。この分析は、家庭環境による学力の格差が、小学四年生時点で既に完成しているという事実を示している。既存の学力調査であっても、うまく活用すればこうした分析は可能なのだ。

なお、私たちが再分析に使えたのは、算数(数学)の学力調査のみである。国語については、先に触れたような課題(中学校の国語のテストが測っている学力とは何なのか?)に対する答えが私たちの中で出ていないこともあって、成績を再計算できていない。また知見のわかりやすさ/解釈のしやすさは、再計算する前のテストの点数を使った方がわかりやすい場合もある。そのため本書では、分析課題に応じて利用する点数を使い分けている。

いろは市学力パネルデータには、他にもいくつか利点がある。まず研究者の立場からすると、既存のデータを利用するため調査対象への負荷が相対的に低く、調査費用が安く済む。調査にかかるコストが大きくなりがちなパネルデータの作成において、これは大きなメリットである。自治体の側から見ても、既存のデータを利用しているだけなので、新たな調査を立ち上げる場合と比べると負担は明らかに低い。日本の教育行政はデータの整備・分析に必要な人材が足らず、データを死蔵してしまいがちなので、研究者が関わる意義は大きい。

もちろん、もともと教育格差の実態把握のために設計されたわけではない学力調査を再利用して分析しているわけだから、どうしても解決できない問題も存在する。たとえば、既存のデータに内在する課題は回避できない。たとえば、データの入力ミスがそれである。教育行政が実施する学力調査の中には、データの確認作業が甘く、同じ子どものデータが複数回登録されていたり、ほんらいあり得ない回答（1〜4までの回答しかないはずなのに5や6が存在するなど）があったりすることがあるが、こうした入力ミスを後から修正することは困難である。

他にも、パネルデータ分析において課題になるのが、年度ごとに微妙な修正が加わる設問である。詳しくは第2章で扱うが、パネルデータを利用した分析では、各年度で行われている設問はまったく同一でなければならない。わずかでも途中で設問が変更されると、回答が変化しても、それが対象者の変化なのか、それとも設問の変更による変化なのか弁別できなくなるからである。残念ながら、教育行政が実施する調査では、担当者や施策の変更に伴い、しばしば設問が変更されることがある。こうした設問はパネルデータ分析には利用できないので、分析を諦めざるを得ない。

さらに、もともとのデータが個人を接続することを前提にしていないため、キーになる情報が年度によって変わってしまうと、データを接続することができなくなるという課題もある。いろは市学力パネルデータの場合は氏名をキーにしているため、保護者の離婚などで氏名が変わると、情報を接続する術がなくなってしまう。離婚などのライフイベントにより学力や生活に大きな影響が出ることはよく知られているが、いろは市学力パネルデータでこれらの問題を分析することはできない。

ここまでいくつか欠点を挙げたが、もともと「死蔵」されていたデータを再利用しているのだから、少々の課題があることはやむを得ないだろう。既に指摘したように、既存の学力調査にも、それぞれ利点・欠点が存在している。それぞれの調査で得られた限定的な知見を組み合わせ、教育格差の実態を描くしかないのである。

4　本書の構成

ここまで私たちの問題意識を説明してきた。最後にその内容を簡単にまとめておこう。

現在、日本では少なくない学力調査が実施されている。問題は、多くの学力調査が何のために行われているのか、よくわからないという点だ。毎年度実施されている学力調査も多いが、得られたデータは死蔵されるばかりで、教育政策や教育研究にほとんど活かされていない。恐らくこれは、多くの人が学力調査といえば、日々の学習の定着度合いを確かめる確認テストか、入試のような選抜テストといったイメージしか持っていないためだろう。そのようなイメージから見れば、確かに現在の学力調査の在り方を正当化できなくもない。しかしそれでは、あまりにも無駄が多い。

私たちが主張したいのは、学力調査は教育格差の実態を把握する有益なツールであるということだ。一つの学校や規模の小さな町村ならともかく、市あるいは都道府県の規模になると、その全体像を一個人が把握することは難しい。どの学校にどのような子どもがいるのか、そして、かれら一人一人の学力や進路を学校教育はきちんと保障できているのか。このようなことを知るには、どうしても中長期的な学力調査が必要になる。

このような立場からすると、現在の学力調査は問題が多い。何を測っているのかよくわからないし、子どもたちの社会的属性も調べていない。何より、一時点のことしか調べておらず、子どもたちの変化がわからない。これでは教育格差はもちろんだが、教育政策の基礎資料としても使いようがない。

このような状況を変えるため、私たちは既存の学力調査を活用し、いろは市学力パネルデータを作り上げた。もちろん、もともとがパネルデータにすることを想定していたデータではないから課題もあるが、それでも日本の教育格差について、これまで得られなかった知見を提出することが可能な調査である。

本書では、この調査を利用して、何ができるのか／何がわかるのか示していく。続く第2章では、学力パネルデータが重要である理由について、「朝ご飯と学力」というテーマを例に解説する。ただ、そのためには統計学に関する最低限の知識が必要となる。読者の中には、統計学の知識をほとんど持たない人もいるだろう。そこで第2章では、本書を読むにあたって必要だと思われる最低限の知識についても解説を加えている。統計学にほとんどなじみがない読者は、第2章から読み進めてほしい。

第3章では、いろは市における「変わらない」教育格差の実態を示す。一時点の調査では、いくら保護者の学歴や年収といった情報を入手したとしても、ある時点で格差があるという「静的な」格差の実態しか描くことはできない。これに対して複数時点の調査データを使えば、ある時点の格差が、その後どう変化するのかという「動的な」格差の実態を描くことができる。パネルデータを利用した動的な格差の記述が第3章の目的である。

第4章では、子どもたちの学習時間（一日あたりの勉強時間）に焦点を当て、学習が促進される（あるいは阻害される）要因について検討を行う。どのような環境に育ったとしても勉強すれば成績は上がると信じている人は多い。しかし実際には、勉強時間（＝どれだけ努力できるか）は家庭環境の影響を受けている。端的に言えば、家庭環境に恵まれている子どもの方が学習時間が長いのである。こうした家庭環境の影響は認めた上で、では学習を促進するために何ができるのかを問う必要がある。

第5章では、近年注目を集める非認知能力の一つであるグリットに着目する。日本の学校教育でも、学力のような認知能力だけでなく非認知能力の育成が重要だといわれるようになっているが、そこにはまだ追究しなければならない疑問がいくつもある。たとえば学力だけでなく非認知能力にも格差があるのではないか、本当に非認知能力を高めることが子どもに良い変化をもたらすのかといった問いがそれである。いろは市学力パネルデータを利用することで、こうした問いに答えることができるようになる。

第6章では視点を変え、学校教育と不平等という巨大な問題を、子どもたちの生活のスタイル(学校や家庭でどう過ごしているか、親との関わりはどうなっているかなど)と関連付けて論じる。具体的には、フランスの社会学者であるブルデューの議論を参照し、多重対応分析という手法を用いることで、学校における不平等に新たな光を当てようと試みている。

最後に第7章では、子どもを対象にした質問紙調査の限界を論じる。子どもが直接アンケートに答えるという自記式の調査は、多くの研究(あるいは学校での実践)でおなじみのものである。いろは市学力パネルデータも、こうした自記式調査の一つであると言えるだろう。ただ、こうした調査はどこまで信用できるものだろうか。第7章では、「誤差」という概念を使って質問紙調査の「落とし穴」について論じる。

本書で伝えたいのは、学力調査が教育問題の万能薬になるという話ではない。むしろその逆で、学力調査は少なくない副作用のある薬と捉えた方が良い。どれほど適切に設計したとしても、学力調査には調査を実施することに伴う弊害が存在する。たとえば、学力調査で測ることのできる学力は、どうしても測りやすい読解や数学の能力に集中しやすい。これは、あくまでもそうした能力が測りやすいというだけで、それ以外の能力が重要ではないということではない。ただ、学力調査が行われると、どうしてもそこで測られている能力が重要だ、と思い込んでしまうのが人間の性である。だから、このような弊害を見て、学力調査が有害だと主張する人がいることは理解できる。

だからといって、副作用を恐れてまったく学力調査を実施しなかった場合、今度は本書で提示するような知見は、一切わからないということになってしまう。これはちょうど、医療におけるレントゲンのようなものである。よく知られているように、レントゲンは体の中を見ることができるから、診断に役に立つものの、放射線を利用しているために（ごくわずかだが）体にダメージを与える。医療の場合、私たちはリスクとリターンを秤にかけて、リターンが大きいからレントゲンを選択するわけだが、学力調査もこれと似たようなところがある。数値化に伴う弊害（リスク）と、数値化することによって明らかになること（リターン）を秤にかけて、学力調査とうまく付き合っていく必要があるのだ。本書は、そのための手引き書である。本書を通して、学力調査の限界と可能性に触れ、学力調査を見る目を養ってほしい。

注

（1）　文部科学省「都道府県・指定都市が実施する独自の学力調査」(https://www.mext.go.jp/a_menu/shotou

/gakuryoku-chousa/sonota/detail/1344327.htm)。

（2） 日本でも、日本テスト学会(http://www.jartest.jp/)を中心にテストに関する知見が蓄積されている。

（3） SSM調査については、二〇一五年社会階層と社会移動(SSM)調査研究会の公式ウェブサイト(https://www.l.u-tokyo.ac.jp/2015SSM-PJ/index.html)などを参照してほしい。

（4） 慶應義塾大学が実施する、日本子どもパネル調査(JCPS)はその一つだろう(https://www.pdrc.keio.ac.jp/paneldata/datasets/jcps/)。

参考文献

苅谷剛彦、一九九五、『大衆教育社会のゆくえ――学歴主義と平等神話の戦後史』中公新書。

苅谷剛彦・志水宏吉編、二〇〇四、『学力の社会学――調査が示す学力の変化と学習の課題』岩波書店。

川口俊明、二〇二〇a、「学力調査の政治」『教育社会学研究』一〇六、五五―七六頁。

川口俊明、二〇二〇b、『全国学力テストはなぜ失敗したのか――学力調査を科学する』岩波書店。

川口俊明・松尾剛・礒部年晃・樋口裕介、二〇一九、「項目反応理論と潜在クラス成長分析による自治体学力調査の再分析――算数・数学の学力格差とその変容」『日本テスト学会誌』一五(一)、一二一―一三四頁。

木村拓也、二〇一〇、「日本における「テストの専門家」を巡る人材養成状況の量的把握」『日本テスト学会誌』六(一)、二九―四九頁。

松岡亮二、二〇一九、『教育格差――階層・地域・学歴』ちくま新書。

松岡亮二編、二〇二一、『教育論の新常識――格差・学力・政策・未来』中公新書ラクレ。

筒井淳也・水落正明・保田時男編、二〇一六、『パネルデータの調査と分析・入門』ナカニシヤ出版。

第2章　学力調査を分析するための基礎知識
――朝ご飯は学力に繋がるか？

川口俊明

第1章では私たちの問題意識を示し、いろは市学力パネルデータの意義を述べた。そうは言っても、一時点のデータを使った分析とパネルデータを使った分析で、それほど結果が変わるのかと疑問に思う人もいるだろう。そこで第2章では、朝ご飯と学力の関連を例に取り、パネルデータを使った分析の結果が一時点のデータを使った分析の結果と異なるケースがあることを紹介しよう。

さっそく分析結果を示したいところだが、その前に本章、および本書を読む上で注意してほしいことを述べる。それは、パネルデータのような複雑なデータを使うには「それなりの準備」が必要になるということだ。具体的には、統計というツールを使う必要がある。

もっとも、教育関係者の中には統計に詳しくないという人も多いだろう。そこで本章の前半では、ごく簡単に本書で利用する統計の基礎知識を紹介しておく。もちろん、ここで説明する事項は、細かな説明を省いた「ざっくりとした」ものである。この知識だけでは、研究論文を読んだり、あるいは自分でデータを分析したりといったことはできない。あくまで初学者が本書を読む手助けとして利用してほしい。そして、もし統計に関心を持ったら、ぜひ関連する入門書を読んでほしい。

1　統計というツール

学力調査を利用した教育研究では、統計学の知識を利用した分析が行われることが多い。そうしないと、複雑なデータを人間が理解できるレベルまで縮約できないからだ。このことを、パネルデータを使って考えてみよう。

たとえば、朝ご飯を毎日食べているかどうか子どもに尋ねたとする。一時点の調査であれば、朝ご飯を食べている子どもと食べていない子どもという二パターンしかない（表2-1の左端）から、この二つのグループを比較すればいい。ところが調査時点が増えると、問題は複雑になっていく。二時点だと「あり→あり」から「なし→なし」まで四パターン（表2-1の真ん中）で、三時点だと八パターン（表2-1の右端）という具合に、加速度的にパターンが増加するのだ。一時点増えるたびに検討しなければならないパターンは倍になり、表は省略するが、四時点で一六通り、五時点になると三二通りになる。さらに実際の分析では、朝食を食べているかどうか以外の要因も考える必要がある。仮に「一時間以上勉強しているかどうか」という要因を加えたとすると、それぞれの時点で検討しなければならないパターンは、さらに増大し、もはや表を使って把握することも困難になってしまう。

この単純な例からもわかるように、調査したい時点や考慮したい要因が増えると、検討しなければならないパターンは爆発的に増加する。そこで、さまざまな仮定を置くことで状況を簡略化する必要が出てくる。ここで活躍するのが、統計学の知識だ。

今度は勉強時間を例に考えてみよう。勉強時間と成績の関連を表現するときに、表２－２左のように、「〇〜一時間未満は五〇点」「一時間以上〜二時間未満は五七点」……と細かく表現することは可能である。しかしこれでは、調査時点が二時点以上になると把握が難しくなる。そこで統計学の回帰分析という技法を導入してみよう。後に触れるが、回帰分析とは成績と勉強時間のあいだに「成績＝β×勉強時間＋α」という直線関係が成り立つと仮定して、βやαを推定する技法である。こうすると情報が縮約され、表２－２右のように「一時間勉強すると五・二点成績が上昇する（β＝五・二）」と考えることができるようになる。二時点や三時点の場合でも、「小学四年生の時は一時間の勉強が五点の成績上昇と関連しているが、五年生では三点、六年生では二点という具合に、勉強時間と成績の関連が弱まっていく……」といった議論ができる。

教育現象は複雑だから、学力に関連していると思われる要因は、朝ご飯や勉強時間だけでなく、保護者の学歴や年収、あるいは先生の教え方など、いくつも考えられる。これらの要因を、統計を使わずにそのまま捉えようとするのは無茶である。教育研究で統計が利用されるのは、複雑な教育現象をできるだけわかりやすく捉えるためである。別に、数字を出して素人を煙に巻こうとしているわけではないのだ。

表 2-1　朝食のあるなしと調査時点の増加の関連

1 時点	2 時点	3 時点
朝食あり	朝食あり→あり	朝食あり→あり→あり
		朝食あり→あり→なし
	朝食あり→なし	朝食あり→なし→あり
		朝食あり→なし→なし
朝食なし	朝食なし→あり	朝食なし→あり→あり
		朝食なし→あり→なし
	朝食なし→なし	朝食なし→なし→あり
		朝食なし→なし→なし

表2-2　勉強時間と成績の関連(架空の例)

平均による表現		回帰分析による表現	
時間	成績		成績
0～1時間未満	50点	1時間あたり	5.2点
1時間以上～2時間未満	57点		
2時間以上～3時間未満	64点		
3時間以上	60点		

もちろん統計を使う場合は、注意しなければならないこともある。先ほど回帰分析で情報を縮約したが、適切な縮約のためには、いくつかの前提がある。成績と勉強時間の関連が直線関係であるという仮定は、その一つだ。表2-2をよく見ると、勉強時間と学力の関連は完全に直線というわけではなく、「三時間以上」になるとむしろ下がっている。ひょっとすると、無駄に長時間勉強することは逆効果で、適度に集中して勉強することが大事なのかもしれない。これは重要な情報だが、回帰分析では一時間勉強するごとに成績が五・二点向上しているという関係しか読み取れなくなってしまう。情報の縮約は便利だが、見えなくなる情報もあるということだ。データを扱う際には、どのような技法が使えるかを学ぶだけでなく、その技法の限界や注意点も同時に学ぶ必要がある。

残念ながら日本の教育研究では、統計学はさほど重視されているわけではない。日本教育学会の機関誌『教育学研究』を見ても、統計学を使った論文よりも使っていない論文の方が明らかに多い。また、教員養成課程のカリキュラムを見ても、社会調査や統計に関する事項はほとんど触れられていない[1]。統計学を優先せよとは言わないが、データが溢れる学校教育の現状に対し、日本の教育研究・教員養成課程は十分対応できていないように映る。もう少しデータを使って教育を見るという姿勢が、教育研究にも教員養成にも求められているように思う。

2　統計分析のための基礎知識

それでは本書を読む上で、最低限必要になる統計の知識を列挙していこう。具体的には、問題意識／変数／標本と母集団（標準誤差と有意性検定）／回帰分析といったトピックを扱う。ずいぶん多いと思うかもしれないが、これでも重要な事項をだいぶ端折っている。統計を使って教育現象を見るというのは、それだけ高度な知識を必要とする専門技術なのだ。世間には「文系の学びは役に立たない」と公言する人もいるようだが、そのような考えは完璧に間違っている（本田編 二〇一八）。

2.1　問題意識

統計を利用した分析を行う上で、もっとも重要なことは、そもそもデータを使って何を明らかにするつもりか示すことである。ここでは、これを問題意識と呼んでおこう。たとえば、「朝ご飯を食べる子どもの方が、学力は高いのか」とか、「家庭環境によって、子どもの学力は左右されるのか」といったものが問題意識の例である。

問題意識が定まったら、それを数値で表現する必要がある。先の例で言えば、「朝ご飯を食べている」とはどういう状態か、成績をどうやって測るのかといったことを、一つ一つ決めなければならない。これが意外に難しい。「あなたは朝ご飯を毎日食べていますか（はい／いいえ）」と聞けば良いと思うかもしれないが、「朝ご飯」の定義は子どもによってさまざまだろう。ご飯とおかずが揃ったものを朝ご飯と思っている子どももいるだろうが、お菓子一袋を朝ご飯と思っている子もいるかもしれない。「毎日食べている」の定義も、子どもによっては戸惑うだろう。たとえば、平日は食べているが休日は食べていない場合はどうなるのか。このようなことを考え始めると、朝ご飯一つとっても数値化するのは大変だということに気づくはずだ。

数値化が難しいのは、学力や家庭環境も同じである。国語や算数のテストの点数を学力とすればよいと思うかもしれないが、それでは意欲や関心といったテストで測れない力が見えなくなるのではないかと思う人もいるだろう。仮にテストの点数とするにしても、今度はテストの質という問題が出てくる。日本の教育行政の作る学力テストの質が実は怪しいということは、第1章で触れたとおりである。家庭環境に至っては、もっと複雑だ。一口に家庭環境と言っても、人によって想像するものは大きく違っている。そんな曖昧なものを、どうやって数値化すれば良いのだろうか。

統計を使った研究では、言葉にすると曖昧な問題意識を、数値化して検証できるレベルにまで落とし込んでいく作業が必要になる。先の例で言えば、「朝ご飯を食べる子どもの方が、学力は高いのか」という問題意識を、「「あなたは、朝ご飯を毎日食べていますか」という質問に「はい」と答えた子どもと「いいえ」と答えた子どもでは、全国学力・学習状況調査の点数に差があるのだろうか」といった具合に数値で検証可能なレベルまで具体化しなければならないのである。このような具体化された問いを、リサーチクエスチョンという言葉で呼ぶこともある。

問題意識を明確にし、リサーチクエスチョンを定める際に、重要になるものがこれまで先人が蓄積してきた類似の研究成果、すなわち先行研究である。先人たちが「朝ご飯を食べること」や「家庭環境」をどのように定義していたか、そして何が既にわかっているかを知っていれば、自分がデータを分析する際の参考にできる。もう少し具体的に言うと、どのような質問文を作れば実態に近い回答を引き出せるのか知りたいなら社会調査や心理測定を学ぶ必要があるし、学力を測るにはどういう手続きをとれば良いのか知りたいなら教育測定を学ばなければならないのである。(2)

ちなみに、「朝ご飯を食べる子どもの方が、学力は高いのか」という問題意識は、そのままでは十分ではない。なぜなら、既に多くの教育研究で、学力と家庭環境の関連が強いことが指摘されているからだ（松岡 二〇一九）。家庭環境に恵まれた子どもは、学力が高く、かつ朝ご飯を食べている可能性が高い。つまり、朝ご飯と学力にはそれほど強い関連はなく、単に見かけ上、朝ご飯と学力に関連があるだけかもしれない。だから単純に「朝ご飯を食べる子どもの方が、学力は高いのか」と問うても駄目で、「朝ご飯を食べる子どもの方が、似たような家庭環境であっても学力は高いのか」「朝ご飯を食べると、どのような家庭環境の子どもであっても学力は向上するのか」といった修正を施す必要がある。

以上のことからわかるように、統計を使った分析をする場合は事前に相当な数の先行研究を読み込む必要がある。そうでないと、既に多くの研究で明らかにされていることをわざわざ調べてしまったり、目的を達成できない調査をしてしまったりすることになる。

第１章で指摘した日本の教育行政が実施する学力調査の課題がなぜ生じるかと言えば、それはかれらが学力調査を設計する際に、関連する先行研究を調べるという作業を怠っているからである。「学力」に関わる先行研究を適切に収集することができれば、（たとえ日本語の文献しか扱えなかったとしても）学力を測るために必要な手続きはもちろん、学力調査では家庭環境に関わる情報を調べる必要があること、あるいは学力の変化を追跡するパネルデータが重要であることに気づけただろう。学力調査を設計するのであれば、先人たちの知恵を知ることの重要性を肝に銘じる必要がある。

ちなみに学術研究では、先行研究を適切に収集・整理することがきわめて重要である。本書には、いくつも先行研究を取り上げて議論をしている章があるが、これは過去の業績を参照し、何がまだわかっていないのか（逆に、その章で新たに何を明らかにしようとするのか）明確に定義しているからである。こうした手続きに慣れていない読者は、まどろっこしい／難しいと感じるかもしれない。しかし、何がわかっているのか／わかっていないのかを明確に定義し、自分がどのような知的貢献をしたのか示すことは、社会科学における学術研究の基本である（川崎 二〇一〇）。本書に限らず、学術的な文書を読むときは、こうした学術研究の作法を意識するとよい。

もう一つ補足しておくと、どのような問題意識を持つか（＝どのような先行研究を想定するか）によって、データの扱い方は大きく変わってしまう。教育研究者は、しばしば家庭環境が学力に影響を与えるという言い方をする。ところが実際の分析を見てみると、分野や問題関心によって、家庭環境の定義はさまざまである。たとえば保護者の年収や学歴をそのまま家庭環境の指標として利用し、年収や学歴と子どもの学力の関連を直接的に論じる場合もある。本書の第3章で行われている分析は、どちらかと言えばこの発想に近い。一方で、家庭環境をより幅広く文化や慣習まで含めたものとして捉える場合、年収や学歴を直接に分析に含めるのではなく、複数の指標をまとめ、家庭環境に関する総合的な指標として利用することもある。本書第4章では、この発想に則ってＳＥＳ（Socioeconomic Status：社会経済的地位）という指標が利用されている(3)。

問題関心が異なるとデータの扱い方が変わるので、教育研究では、同じデータを使って似たような分析をしているのに、結果が一致していないことがある。これは欠点でもあると同時に利点でもある。欠点というのはわかりやすいだろう。家庭環境を学歴で表現するのか、年収で表現するのか、あるいはその両者をまとめて利用するのかといった選択次第で、分析結果は当然変わりうる。分析者によって結論が変わるようなものを研究と呼べるのかというわけである。

一方、これを利点と考えることもできる。家庭環境をどうやって数値化するかという判断の背後には、この社会をどうやって把握するかという分析者の社会認識が潜んでいる。このように捉えるなら、分析結果の違いは、たんに知見が不安定だという欠点ではなく、立場によって社会が変わって見えるという人間社会の複雑さを示したものかもしれない。

後者の話は重要なので、読書の効果を例に、もう少し補足しておこう。一般的な感覚では、読書をすれば語彙が増え、新たな知識を得ることができるから学力が向上するのは自然だと思える。このように捉えると、読書時間と学力のあいだに直線関係を想定しても何ら不思議ではない。ところがここで社会の見方を大きく転換すると、他の分析モデルも考えられる。仮にだが、すべての人が読書をする社会を考えてみよう。このとき読書という行為はあまりにも普遍的すぎて、価値を持たない行為となる。つまり、ある行為が価値を持つのは、それをする人としない人がいるからだ。このように考えると、問題意識は「読書が学力にどのような影響を与えるか」ではなく、「読書はなぜ価値を持つのか」という具合に大きく転換してしまう。このように、社会をどう捉えるかによって問題意識は（そして利用する分析方法も）変わってしまうのである。本書第6章では、このような視点から、まったく異なる学力格差の捉え方を行っている。

本書では、個々の章の分析方針をあえて統一していない。編者は、データをどう扱うかという選択は分析者の主義・主張と密接に繋がっていると考えるからだ。分析者が（暗に）持っている社会観を含めて、分析方法の妥当性を吟味することが重要である。

どの先行研究を参照するかによって分析方法が変わるということは、読者の側も先行研究に対して一定の知識がないと、著者の問題意識が理解できないということでもある。本書を読んでいると、そもそもなぜこのような分析が必要なのかがわからず読みづらいということが起きるかもしれない。そういう場合は、いったん関連する先行研究を読み、最低限の土壌を作ってから読み直してみることも必要である。

2.2 変 数

次に重要になるのが変数という考え方だ。一般的な質問紙調査では、調査対象となる一人一人の子どもにさまざまな質問をする。先ほど取り上げた朝食を食べるかどうかもそうだし、一日の睡眠時間や性別、保護者の学歴なども質問の例である。もっとも「朝食を食べる／朝食を食べない」といった具合に日本語でデータを入力していたのでは時間もかかるし、扱いにくい。そこで個々の質問に対する回答は、数値化されてデータセットにまとめられる。たとえば、朝食を食べるかどうかという質問に対する回答は、「朝食を食べる」は1、「朝食を食べない」は0といった具合に管理するのだ。他にも、一日の睡眠時間であれば「六時間未満」は1、「六時間以上七時間未満」は2、「七時間以上八時間未満」は3、「八時間以上」は4といった具合にすることもある。こうすると、朝食を食べるかどうか、一日の睡眠時間はどのくらいかといった質問に対する回答は、1や0、あるいは1から4といった数値で整理できる。このとき、朝食を食べるかどうか／一日の睡眠時間はどうかといったそれぞれの設問を、変数と呼ぶ。それぞれの設問に対する回答は一人一人変わるので、変わる数＝変数と思えばいいだろう。社会調査では、朝食変数とか、睡眠時間変数といった呼び方をする。

こうした変数は、そのまま分析に利用されることもあるが、何らかの加工が施されることも多い。たとえば、学歴には大学院・大学・専門学校・高校・中学校などさまざまあるが、このままだとわかりにくい。そこで、あえて大卒＝1、非大卒＝0というシンプルな変数に変換することがある。あるいは、学歴・年収・家庭にある本の冊数といった複数の変数を因子分析などの特殊な統計技法を使って、一つの変数にまとめることもある。

どのような変数を利用するかは、先ほど述べたように分析者の問題意識に依存する。それぞれの章では、分析に利用する変数がどのように作られたか解説しているので、注意深く読んでみると良いだろう。

2.3　標本と母集団／標準誤差と有意性検定

三つ目に、標本と母集団という考え方を知ってほしい。調査を行って、その特性を知りたい対象全体を母集団と呼ぶ。たとえば私たちの調査の場合、知りたかったのは「いろは市の公立小学校に通う小学四年生」の特徴だから、これが母集団になる。一方で標本とは、母集団から調査のために取り出した一部分のことである。標本を取り出す行為を、標本抽出と呼ぶ。そして、実際に得られた標本から母集団の特性を推測することを推定と呼ぶ(図2-1)。

一般に、母集団すべてを調べるのはコストがかかることが多い。町村の規模であればすべてを調査することもできるだろうが、市や県の規模になると、対象者が一万人を超えることもある。この規模になると、調査結果を数値化して入力するために相当な時間と経費が必要になる。加えて学力調査の場合、母集団全体を調査してしまうと、隣のクラスや学校と結果を比べて、点数の高低に一喜一憂する可能性がある。行き過ぎた場合は、無理にでも点数を高めるために不正を始める人も出てくるだろう。都道府県教育委員会の全国学力・学習状況調査の正答率競争はその典型的な例である。こうなるとデータが歪んでしまう。

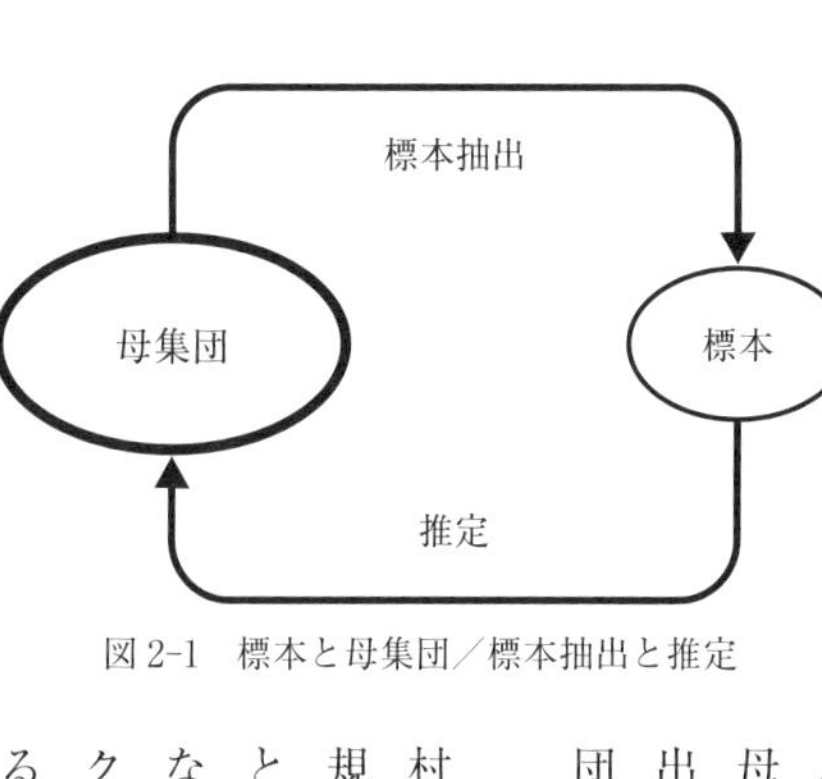

図2-1　標本と母集団／標本抽出と推定

このように、母集団全体を調査することが必ずしも望ましいとは限らない。そこで研究者は標本抽出を行うのだ。私たちが実施した調査も標本抽出である。これは経費の関係上、母集団すべてを対象にすることが難しかったからだ。

標本抽出はよく使われる方法だが、いくつか注意してほしいことがある。その一つが、標本抽出の結果として示されている数値は、あくまで標本から計算したもので、母集団の値ではないという点だ。

当たり前だが、標本の平均値が母集団の平均値と一致しているとは限らないのである。

もちろん一定のルールに従って標本を抽出していれば、標本と母集団の平均値のズレは、ある範囲に収まる可能性が高い。このズレを示す指標の一つに標準誤差(Standard Error：ＳＥ)というものがある。詳しくは統計学を学ぶ必要があるが、標本の平均が得られたとき、その±1.96×SEの範囲に、母集団の平均値があると考えてよい[4]。たとえば、標本での国語の平均点が六七点、標準誤差が二・二だったとしよう。このとき母集団の平均点は、恐らく67±2.2×1.96(71.3~62.7)の範囲のどこかにある。母集団の国語の平均点は七一点かもしれないし六五点かもしれない。ただ、八〇点や五〇点ではないだろうということだ。標本調査では、平均値だけでなく、標準誤差も考慮した上で判断を下す必要がある。

同様に、集団間の平均値の差も標準誤差を考慮しなければならない。たとえば、男子の平均点が六四点(ＳＥ：三・六)、女子の平均点が六六点(ＳＥ：三・七)だったとしよう。このとき女子の方が国語の成績が高いと判断できるだろうか。答えはＮＯである。標準誤差を考慮すると、母集団における男子の成績は七一点~五七点、女子の成績は七三点~五九点のどこかになる。これだけ幅があると、母集団で男子と女子のどちらの平均点が高いかは判断しがたい。標本で差があったからといって、母集団で差があると判断できるとは限らないのである。

以上のような考え方を、より正確に行うために開発された手法が、有意性検定と呼ばれるものである。これは母集団に関する推測を行う方法の一つで、研究論文ではよく使われている。先ほどの男女の成績差であれば、「男女の成績差は有意ではない(＝男子と女子のあいだに成績差があるように見えるが、標準誤差まで考慮すると差があるとは判断できない)」といった言い方をする。逆に「有意である」とは、「標準誤差を考慮しても母集団で差があると判断できる」といった意味になる。

標本と母集団の関係を考える上で何より重要なことは、標本抽出が無作為(=ランダム)に行われていることである。たとえば「プロ野球の球団でどこが好きか」という調査を行うとしよう。このとき調査対象を、博多駅前で募るのは間違っている。間違いなく福岡ソフトバンクホークスが一位になるはずだ。これが偏った標本抽出の例である。偏った標本抽出を避けるためには、母集団の名簿等を入手し、そこからコンピュータなどを使ってランダムに対象を選ぶ必要がある。実際の社会調査でも、選挙人名簿などを利用して対象を選んでいる。

無作為に抽出されていない標本から母集団を推測することは容易ではない。「ツテ」を利用した調査が問題なのはこのためである。知り合いの校長というツテを頼って実施した調査は、恐らく博多駅前で実施した調査のように、何らかの偏りが生じている可能性が高い。だから、その結果をより広い範囲に適用することができないのである。たとえ特定の県や市という小さな範囲であっても母集団を明確にし、そこから標本抽出を行って知見を得た方がよいと私は考えている。

2.4　回帰分析

教育研究では、回帰分析(あるいは、それを応用した分析)という手法がよく使われる。これは、次のような手法である。今、子どもの成績をY(単位は点)、その保護者の年収をX(単位は百万円)としよう。このときYとXのあいだに、$Y = \beta X + \alpha$という直線関係があると想定すると、βの値が推定できれば、

Xを一動かしたときのYの変化する度合いを推測できることになる。なお、Xを独立変数（あるいは説明変数）、Yを従属変数（あるいは被説明変数）等と呼ぶ。

これは、かなり便利な考え方で、たとえば「独立変数である保護者の年収が一〇〇万円増えると、従属変数である成績が五・二点（誤差〇・五）向上する」といった言い方ができるようになる。もちろんβの推定値には誤差があるから、必ず五・二点向上するというわけではない。回帰分析の推定値と誤差は、先ほどの平均値の誤差と同じように解釈できるので、今の例なら、母集団における推定値は$5.2 \pm 1.96 \times 0.5$で、六・二から四・二のあいだにあると考えられる。いずれにせよプラスなので、保護者の年収が高いと子どもの成績も高いということになる。

これが回帰分析の簡単な説明である。もちろん、実際の運用では注意しなければならないことはいくつもある。本章第1節で触れた直線関係はその一つである。他にも回帰分析の推定値は、必ずしも因果関係を示すわけではない。先ほど「一〇〇万円年収が増えると、五・二点成績が向上する」と書いたが、だからといって「保護者の年収を一〇〇万円増やせば、子どもの成績が五・二点伸びる」というわけではない。一般に、所得の高い家庭の方が教育熱心である。そのため所得の高さと学力には何の関連もなく、所得が高い家庭ほど子どもの勉強時間が長く、勉強時間が長いからこそ成績が良いのかもしれない。この場合は年収を増やしても意味はなく、勉強時間を延ばす必要がある。

実際の分析では、さまざまな可能性を考慮した方法が使われる。中でも影響を与えていると考えられる要因を、回帰分析の独立変数に含める方法は広く使われている。先ほどの例であれば、所得をX_1、勉強時間をX_2とすることで、回帰分析の式を$Y = \beta_1 X_1 + \beta_2 X_2 + \alpha$と拡張すればよい。こうすると$\beta_1$の値は、「勉強時間$X_2$が同じとき、所得$X_1$が違うとどのくらい成績が変化するか示した値」と解釈できるようになる（わかりにくければX_2に○（時間）を代入すればよい。このときβ_2は消えてしまう）。これを重回帰分析と呼ぶ。重回帰分析（あるいはその応用）は、本書のいくつかの章でも利用されている。

2.5 その他の知識

最後に、一般的な社会調査の入門書ではあまり扱われていないものの、学力調査で重要な事項に触れておく。一つが、標本ウエイトで、もう一つが欠測である。

まずウエイトだが、一般的な統計分析は、母集団から標本を無作為に抽出していることを前提に標準誤差を計算している。ところが、このような無作為抽出は実際にはかなり難しい。たとえば学校を対象にした調査の場合、児童生徒の名簿から無作為に調査対象を選ぶと、調査対象者が学級に一名しかいないという事態も起こりえる。これは調査を行う側にとっても、受ける側にとっても負担である。

このような事態に対処するため、学校を対象にした調査では、多段階の抽出が利用されることが一般的である。つまり、まず調査対象となる学校を抽出し、続いてその学校にいる子どもを無作為に抽出するのである。このようにすると先の問題を回避できる。

ところが今度は、一人一人の子どもの抽出される確率が違ってしまうという問題が発生する。このことを説明するため、表2－3のようにA～Eまでの五つの学校（子どもは全部で四〇〇名）があり、そこから二〇人を抽出するケースを考えよう。無作為抽出であれば、一人の子どもが調査対象となる確率は二〇／四〇〇で一／二〇である。ただ、先ほど述べたようにこの方法には問題がある。そこで先に五校から二校を選び、そこから一〇名ずつ抽出する二段階の抽出を行おう。ここで問題になるのが、一人一人の子どもの抽出確率が学校の規模によって変わってしまうという点である。A校の子どもは一／二〇で選ばれるのに対し、E校の子どもは一／二で選ばれてしまうのだ。

子どもによって抽出確率が違うと平均値の推定も一筋縄ではいかなくなる。たとえば、A校の一〇人の成績が六〇点、E校の一〇人の成績が八〇点だったとしよう。このとき全体の平均点の推定は、(60×10＋80×10)/20で七〇点として良いだろうか。恐らくこの推測は間違っている。全校で二〇名しかいないE校の点数を強く反映しすぎているのだ。この問題を修正するには、それぞれの子どもが選ばれる確率の逆数（掛けて一になる数）を考慮する必要がある。つまり、(60×10×20＋80×10×2)/(10×20＋10×2)で六一・八点が適切な推定値になる。

表2-3　抽出確率とウエイト

	人数	各校で10人を抽出したとき選ばれる確率	抽出確率の逆数（ウエイト）
A校	200人	$\frac{1}{20}$	20
B校	100人	$\frac{1}{10}$	10
C校	50人	$\frac{1}{5}$	5
D校	30人	$\frac{1}{3}$	3
E校	20人	$\frac{1}{2}$	2
計	400人		

この抽出確率の逆数をウエイトと呼ぶ。簡単に言えば、選ばれる可能性の低い人には大きなウエイトを与え、逆に選ばれる可能性の高い人には小さなウエイトを与えることで、推定を調整するのである。ウエイトの利用は、推定を複雑にしてしまうし、標準誤差の算出も煩雑になる（土屋二〇〇九）。ただ、現実的な調査では、どうしてもウエイトが必要になることも多い。私たちの行った調査も、経費の関係上すべての学級を対象にできず、各学校から一～三学

級を抽出するという方法をとっている。このため、学級数の多い学校の児童ほど選ばれにくいという現象が生じており、その補正にウエイトを利用している。

もう一つ知っておいてほしいのが、欠測という言葉である。欠測（欠損とも呼ぶ）とは何らかの理由でデータが記録されず欠けている状態を指し、社会調査では一般的な現象である。何らかの理由で対象者が回答しなかったり、回答しても入力ミスがあったりすると欠測が生じる。あるいは調査設計上、欠測が生じることもある。たとえば日本に住む二〇歳以上の男女を母集団とし、インターネットを使って調査を行うと、当然ながらインターネットを持っていない人たちが対象に含まれなくなる。これもある種の欠測である。欠測を含むデータは平均を計算することもできないから、何らかの対処をしなければならない。昔は、単純に欠測を含むデータを除外して分析を行うことも多かったようだ。しかし近年の研究では、欠測が研究成果に大きな影響を与えることもあることがわかってきている。先のインターネットを使った調査の例を考えると、欠測が推定に大きな影響を与えることがわかるだろう。インターネットを使った調査に答えてくれるのはインターネットを利用している人に限られるから、何らかの補正を施さないかぎり、そこから母集団を推定することはできない。

欠測に対する対処方法は、これまでいくつか考えられてきた。恐らくもっともポピュラーな方法が、欠測していない残りのデータから欠測した人の特徴を推測し、データの欠落を埋める代入法である。近年では、多重代入法と呼ばれる手法がよく利用されている（高橋・渡辺 二〇一七）。他にも、先ほど述べたウエイトも欠測を補正する方法となる。データが欠落しやすい人の特徴がわかれば、そうした特徴を持つ人に大きなウエイトを与えることで、欠測の影響を補正できるのだ。本書では、各自の問題意識に応じて、いくつか欠測を補正する方法が利用されている。詳しくは、個々の章で挙げられた参考文献を見てほしい。

3　パネルデータで何がわかるのか？

ここまで、最低限必要な統計学の知識について解説してきた。続いて、これらの知識を使い、朝ご飯と学力を例にパネルデータの重要性を示そう。よく朝ご飯を食べると学力が上がると言われる。この主張を補強するものとして、しばしば利用されるのが学力調査の結果だ。たとえば文部科学省のウェブサイトでは、朝食摂取と全国学力・学習状況調査の成績の関連を示した図（図２－２）が示され、朝ご飯の重要性が説かれている。しかし少し考えると、この説明はおかしい。そのことをクロスセクション分析・パネルデータ分析という考え方を使って説明してみよう。

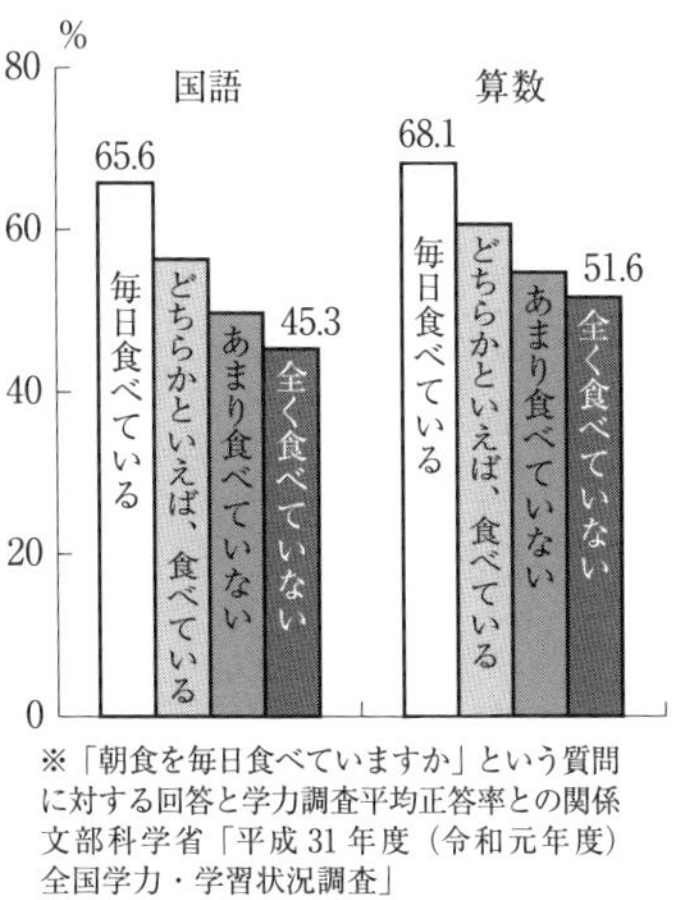

図 2-2　朝ご飯と学力（https://www.mext.go.jp/kids/find/kyoiku/mext_0020.html）

クロスセクション分析とは、一時点のデータを使った分析のことである。たとえば全国学力・学習状況調査は、毎年度小学六年生と中学三年生を対象に実施されている、典型的なクロスセクションのデータである。クロスセクション分析は、スナップ写真のように、調査時点の状態を知るためには適している。二〇二〇年現在の日本の子どもたちの学力水準はどの程度なのかとか、平均的な勉強時間はどのくらいかといったことを知ることができる。また、こうしたクロスセクション分析を積み重ねていけば、二〇一〇年の日本の学力実態と二〇二〇年のそれを比べて、学力が上がった／下がったといった議論ができるようになる。

もっともそのためには、学力調査で利用されているテストが適切に設計され、異なる年度間で点数を比較可能であるという前提が必要である。現在の日本の全国学力・学習状況調査は、異なる年度間で点数を比較できないから、どれだけ積み重ねても、そのままでは学力の変化を論じることはできない。

一方でクロスセクション分析は、個人の変化を把握することはできない。先の例で言えば、クロスセクション分析では朝ご飯を食べている子どもの方がそうでない子どもより成績が高いことはわかる。しかし、朝ご飯を食べていない子どもが食べるようになったら成績が上がるのか(逆に、朝ご飯を食べなくなったら成績が下がるのか)ということは、基本的にわからない。

こうした個人の変化を把握するために有効な方法の一つが、パネルデータである。同じ子どもに対して学力調査を繰り返せば、朝ご飯を食べるようになったら成績が上がるのか、勉強時間が増えれば成績が伸びるのか、といった変化に関する問いに答えることができるのだ。クロスセクション分析でわかるのが、朝ご飯を食べている子どもと食べていない子どもの違い(=個人間の違い)であるのに対し、パネルデータでわかるのは朝ご飯を食べるようになった子どもの変化(=個人内の違い)であると考えれば良いだろう(筒井ほか編 二〇一六)。

先の文部科学省の分析がまずいのは、朝食を食べている子と食べていない子の違いという個人間の違いを、朝食を食べるようになったら成績が上がるという個人内の違いとすり替えている点だ。朝ご飯を食べることが重要と言いたいのであれば、パネルデータ分析を行い、朝ご飯を食べるようになったら（あるいは食べなくなったら）成績が変化することを示す必要がある。

4　クロスセクション分析とパネルデータ分析

それでは、クロスセクション分析とパネルデータ分析では、「朝ご飯と学力に関係がある」という分析結果が変わるのだろうか。このことを、いろは市学力パネルデータを使って検討してみよう。注目する独立変数は、朝ご飯（朝食を毎日食べているか）に加えて、勉強時間（学校の授業時間以外に、普段、一日当たりどれくらいの時間、勉強しているか）、地域行事（今住んでいる地域の行事に参加しているか）、工夫して発表（授業で、自分の考えを発表する機会では、自分の考えがうまく伝わるよう、資料や文章、話の組み立てなどを工夫して発表していると思うか）、通塾（塾に通っているかどうか）を利用する。回答は基本的に「よくする：1、まあする：2、あまりしない：3、しない：4」という形式（四件法という）である。なお、全国学力・学習状況調査では六件法になっている質問もあるが、いろは市の調査が四件法であるため、今回は後者にあわせるようにデータに修正を施した。また、「通塾」は私たちが独自に実施した調査から得られた変数であり、回答は「塾に通っている」が1、「通っていない」が0の二値を取る変数である。

これらの設問を利用する理由は、小学四年生から六年生の三時点で共通して利用できる変数が、それしかなかったという消極的なものである。一般に教育行政が行う学力調査は、パネルデータに利用するために設計されているわけではない。そのため、その年度の教育時事によって調査項目が変更されることが頻繁に行われるのだ。この性質は、パネルデータ分析には都合が悪い。パネルデータ分析では個々の時点でまったく同じ設問が利用されていることが前提である。たとえ僅かであっても設問が変更されると、回答が変化したとき、それが個人の変化の結果生じたものなのか、それとも設問が変わったから生じたものなのか区別することができないからだ。日本の教育行政では、施策の変更に伴い質問紙調査の設問を弄るということが常態化しているが、これは深刻な悪癖である。

なお、いくつかの分析では、これらの変数に加えて、子どもの性別(男子:1、女子:0)、就学援助を受給しているかどうか(受給している:1、していない:0)、母親が大卒かどうか(短大以上の場合大卒:1、それ以外を非大卒:0)、保護者の年収(百万円)を利用した。ただし、これらの変数は時点間で変動しない(たとえば小学四年生から小学六年生になる間に性別が変わることは考えづらい)か、あるいは小学四年生時点の調査でしか得られない変数なので、変化を論じることはできない。

従属変数は、四年次から六年次までの算数の得点を利用する。ここで利用するのは単にその時点の平均値を五〇、標準偏差を一〇とした得点(いわゆる偏差値)である。ちなみに標準偏差は、データのバラツキを示す指標で、この値が大きいほどデータがバラついていることを示している。なお、全国学力・学習状況調査には、知識を測るA問題と活用力を測るB問題があるが、今回はA・B問題それぞれの正答率を平均し、児童の学力としている。まとめると、本章で検討したいリサーチクエスチョ

表2-4　記述統計量(3時点／3259名)

個人内	平均値	標準偏差	最小	最大
算数6	49.3	10.0	24.3	68.3
算数5	49.5	10.3	15.0	62.6
算数4	49.2	10.4	8.2	64.3
勉強時間6	2.06	0.84	1	4
勉強時間5	2.09	0.80	1	4
勉強時間4	2.19	0.81	1	4
朝ご飯6	1.28	0.68	1	4
朝ご飯5	1.22	0.58	1	4
朝ご飯4	1.22	0.59	1	4
地域行事6	2.26	1.14	1	4
地域行事5	2.11	1.13	1	4
地域行事4	2.05	1.11	1	4
工夫して発表6	2.37	0.94	1	4
工夫して発表5	2.25	0.94	1	4
工夫して発表4	2.24	0.96	1	4
塾6	0.31	0.46	0	1
塾5	0.27	0.44	0	1
塾4	0.20	0.40	0	1

個人間	平均値	標準偏差	最小	最大
算数	49.3	9.3	17.9	65.1
勉強時間	2.11	0.63	1	4
朝ご飯	1.24	0.52	1	4
地域行事	2.14	0.91	1	4
工夫して発表	2.27	0.71	1	4
塾	0.27	0.36	0	1
性別(男子=1)	0.50	0.50	0	1
就学援助有	0.28	0.45	0	1
母非大卒	0.53	0.50	0	1
年収	6.3	3.1	2	15

ンは、「朝ご飯を食べるようになった児童(あるいは食べなくなった児童)は、他の児童と比べて相対的に成績が上がる(あるいは下がる)のか」になる。

分析に利用する変数の記述統計量は、表2-4のとおりである。ここでは三時点の成績が揃う三二五九名を分析対象とした。表の個人内というのは、小学四年次・五年次・六年次の各時点での独立変数の平均・標準偏差・最小値・最大値を示したものである。変数名の後ろにつく数値が年次を示している。個人間というのは、各年度の数値を個人単位で平均した場合の平均・標準偏差・最小値・最大値を示したものである。性別や母

表 2-5　推定値

	固定効果		プールド回帰	
	Est	s.e.	Est	s.e.
朝ご飯	−0.17	0.19	−1.90	0.19**
勉強時間	−0.29	0.11**	−1.16	0.14**
地域行事	−0.06	0.09	−0.43	0.09**
工夫して発表	0.02	0.09	−1.14	0.11**
塾	0.61	0.22**	0.63	0.24*
性別			−0.50	0.20**
就学援助有			−2.38	0.29**
母非大卒			−3.14	0.21**
年収			0.37	0.04**

*$p<0.05$, **$p<0.01$

親の学歴など、時点間で変動しない独立変数はこちらに示している。

パネルデータの分析では、固定効果モデルという回帰分析を応用した手法がよく使われる。これは端的に言えば、個々人の各時点での回答から、それらを平均したものを引くことで、個人内の変化を分析することを可能にしたモデルである。たとえば算数の得点が七〇点→八〇点→九〇点、一日の勉強時間が一時間→一時間→一時間と変化した児童と、得点が二〇点→四〇点→六〇点、勉強時間が〇時間→〇・五時間→一時間と変化した児童がいたとしよう。通常の回帰分析では、単純に得点と勉強時間の対応関係（七〇点と一時間、八〇点と一時間、九〇点と一時間、二〇点と〇時間……）が分析される。これに対して固定効果モデルでは、それぞれの児童の平均を引いて、－一〇点→〇点→＋一〇点／〇時間→〇時間→〇時間、－二〇点→〇点→＋二〇点／－〇・五時間→〇時間→＋〇・五時間という変化（正確には個人の平均からのズレ）が分析の対象になる。つまり、－一〇点と〇時間、〇点と〇時間、＋一〇点と〇時間、－二〇点と－〇・五時間……という具合に、成績の変化と勉強時間の変化の対応が分析対象になるわけだ[5]。

なお、私たちが実施した独自調査では、児童の抽出確率が各学校の学級数によって変動する。他にも保護者票の欠測や、小学四年生から六年生に至るまでの脱落があるため、これらの影響を考慮したウエイトを計算し補正を行っている。分析結果は、表２－５のとおりである。ここでは、固定効果モデルと回帰分析の結果を記載する。回帰分析は、すべての時点のデータをひとまとまりにして分析したもの（これをプールド回帰（pooled回帰）と呼ぶ）である。固定効果モデルでは、性別・就学援助率などの変数が消えているが、これは各時点の回答からそれらの平均を引いた場合、時点間で変動しない変数（性別など）や、一時点しかデータのない変数（就学援助率など）が消えてしまうことによる。

ここでは検定の結果、有意な値を示しているもの（＊印があるもの）に注目してみよう。プールド回帰の方は、多くの変数が有意な値を示している。つまり朝食を食べ、勉強時間が長く、地域行事に参加し、授業中に工夫して発表し、塾に通っており、保護者の年収が高い児童の方が成績も高いということである。同時に、就学援助を受けていたり、母親が非大卒だったりすると成績が低い傾向にある。

ただし、以上の結果はあくまで個人間の分析である。個人内の分析結果は、だいぶ様子が異なる。固定効果モデルの推定値を見てみると、有意な値を示しているのは勉強時間と通塾のみである。つまり、勉強時間が延びたり、塾に通うようになったりした児童の成績が向上するということである。肝心の朝ご飯はというと、有意な値を示していない。つまり、朝ご飯を食べるようになったら成績が上がるといった関連は見いだせないということだ。

５　パネルデータ分析が必要なわけ

朝ご飯と学力の事例が示すのは、朝ご飯を食べている子どもと食べていない子どもを比べた分析

（＝クロスセクション分析）と、朝ご飯を食べるようになった／食べなくなった子どもの分析（＝パネルデータ分析）の結果は違うということだ。クロスセクション分析では、朝ご飯を食べる子どもの方が成績は高いという結果が出ていたが、パネルデータ分析では朝ご飯を食べるようになっても成績は上がらないという結果になった。

もっとも、この結果はそれほど驚くことではないだろう。小学四年生から小学六年生といえば、一〇歳から一二歳である。この年齢の子どもたちが朝ご飯を食べるようになったから（あるいは食べなくなったから）といって急に成績が変化するとは考えづらい。朝ご飯よりは、勉強時間の変化や塾に通うかどうかの方が、成績の変化と結びつくということである。

断っておくが、朝ご飯を食べることに意味がないかどうかはまだわからない。たとえば低学年のデータであれば、異なる結果が出る可能性はある。また、固定効果モデルはかなりシンプルな分析方法なので、他の分析方法を利用すれば違った結果が出るかもしれない。私が本章の分析を通して伝えたいことは、一時点の分析結果と複数時点の分析結果では、その結果が大きく異なる可能性があるということである。日本の教育行政が実施する学力調査は、そのほとんどがクロスセクション分析だが、そこで得られた知見はパネルデータ分析ではまったく変わるかもしれないのだ。

それと私はパネルデータ分析の方が優れていると言いたいわけではない。たとえば新型コロナウイルス感染症が流行する前と後で、子どもたちの学力実態がどのように変わったか知りたければ、パネルデータ分析は必要ない。コロナ前と後のそれぞれで、良質なクロスセクション分析が行われていれば、その結果を比較することで十分な知見が得られる。

加えてパネルデータ分析にはいくつか課題がある。前提となるデータの蓄積に時間がかかるというのは、その最たるものだ。複数時点の調査データをそろえないといけないのだから当たり前だが、調査費用も高額になる。さらに同一個人を追跡していくと、どうしても調査対象者の事情等で対象が脱落していくことが避けられない。そのためパネルデータ分析では、クロスセクション分析と比べて標本の特性に偏りが生じている可能性が高い。偏りを補正しないと、思わぬ判断ミスを犯す可能性があることにも留意する必要がある。

結局肝心なことは、データから何を知りたいか、すなわち問題意識は何かということである。朝ご飯と学力のように、教育研究では個人間の違い（朝ご飯を食べているかどうか）ではなく、個人内の違い（食べるようになったという変化）に関心がある場合は少なくない。そのような場合、パネルデータ分析は有力な手法である。本章の事例は、自分たちがどのような問題に関心があるのか認識し、それに相応しいデータと分析方法を利用することが肝要であることを示している。

注

（１）　たとえば、教職課程で共通に学ぶべき事項を定めた教職課程コアカリキュラム（https://www.mext.go.jp/b_menu/shingi/chousa/shotou/126/houkoku/1398442.htm）に、統計や調査に関する記述はほぼ存在しない。

（２）　社会調査や教育測定については、既にさまざまな入門書がある。ここでは、代表的なものとして、轟ほか編（二〇二一）、および光永（二〇一七）を挙げておく。

（３）　ＳＥＳ指標と教育については、Sirin（2005）を参照のこと。

(4) 標準誤差の解釈について詳しく知りたい場合は、社会調査などの入門書(轟ほか編 二〇二一など)を読むとよい。

(5) ちなみに、固定効果モデルでは時間の順序が考慮されていない。つまり二〇点→六〇点→四〇点という変化と、二〇点→四〇点→六〇点という変化が区別されていないのだ。今回はこの問題は考慮していないが、気になる方は有田(二〇一三)などを参照してほしい。

参考文献

有田伸、二〇一三、「変化の向き・経路と非変化時の状態を区別したパネルデータ分析——従業上の地位変化がもたらす所得変化を事例として」『理論と方法』二八(一)、六九—八六頁。

本田由紀編、二〇一八、『文系大学教育は仕事の役に立つのか——職業的レリバンスの検討』ナカニシヤ出版。

川﨑剛、二〇一〇、『社会科学系のための「優秀論文」作成術——プロの学術論文から卒論まで』勁草書房。

松岡亮二、二〇一九、『教育格差——階層・地域・学歴』ちくま新書。

光永悠彦、二〇一七、『テストは何を測るのか——項目反応理論の考え方』ナカニシヤ出版。

Sirin. S. R., 2005, "Socioeconomic Status and Academic Achievement: A Meta-Analytic Review of Research," *Review of Educational Research*, 75(3), 417-453.

高橋将宜・渡辺美智子、二〇一七、『欠測データ処理——Rによる単一代入法と多重代入法』共立出版。

轟亮・杉野勇・平沢和司編、二〇二一、『入門・社会調査法——2ステップで基礎から学ぶ〔第4版〕』法律文化社。

土屋隆裕、二〇〇九、『概説 標本調査法』朝倉書店。

筒井淳也・水落正明・保田時男編、二〇一六、『パネルデータの調査と分析・入門』ナカニシヤ出版。

第3章　進級しても変わらない格差
——児童間・学校間における格差の平行推移

松岡亮二

1　日本の義務教育制度と教育格差

日本の義務教育制度は、教育内容を規定する学習指導要領、最低限の質を担保する教員免許制度、検定された教科書、国による地方自治体への財政的支援など（苅谷 二〇〇九）によって、比較的均質な教育機会を提供していると国際的に評されてきた。しかし、これらの標準化政策があっても、それぞれの校区に住んでいる人たちの社会経済的背景が異なる以上、すべての公立校が同じような教育環境にあるわけではない（松岡 二〇一九）。出身家庭の社会経済的地位（Socioeconomic Status, 以下ＳＥＳ）による学力を含む様々な指標の差は、就学前から個人間と地域間に存在する。たとえば、「保護者（以下、親）が大卒だと子の学力が高い傾向」は個人（家庭）間格差の一例である。他方、「親の大卒割合が高い地域の公立校では、子の通塾率が高い」は地域間（学校間）格差の例といえる。このような個人間・地域間の差は小中学校教育を経ても縮小せず、最終学歴の差に繋がっている（松岡 二〇一九）。なお、このような出身家庭のＳＥＳと教育成果（学力や最終学歴など）の関連（教育格差）の度合いは、経済協力開発機構（ＯＥＣＤ）加盟国の中で平均的であるので、日本は「凡庸な教育格差社会」といえる（松岡 二〇〇一九)。

標準化された義務教育制度があっても、これまでの政策で格差を縮小できてこなかった以上、「凡庸な教育格差社会」である日本の教育行政に求められるのは、「同じ扱い(equal treatment)」ではなく、低ＳＥＳ層に対する追加的機会の付与によって、実際に教育成果の差の縮小という結果を出すことである(松岡編 二〇二一)。しかし、そのような取り組みを政策として行い、さらに効果検証までしている国内の事例は限られる(たとえば Bessho et al. 2019)。

そもそも日本の教育行政機関の大半は、子どもの相対的貧困が政策的課題となっているにもかかわらず、追加的機会を付与すべき対象(児童生徒・学校)を把握するために、十分なデータを取得してこなかった。たとえば、小学校に通う児童の保護者のＳＥＳと子どもの学力の関連といった基礎的な事項を、教育行政は継続的に取得していないのである。

そこで本章では、教育行政の意思さえあれば公立校で収集されたデータでもＳＥＳによる格差を可視化できることを示す。そのために、大都市部の公立小学校に在籍する同一の児童を四年・五年・六年と追跡したパネルデータを用いる。日本では未だに希少なこのパネルデータを分析し、一時点の調査だけでは見えてこないＳＥＳによる児童間・学校間の学力・行動などの格差を、自治体の教育行政における意思決定に活用できる分かりやすい形で実証的に提示する。

2　データと変数

2.1　使用するデータ

大都市部に位置する自治体いろは市の公立小学校で収集されたデータで、四年生と五年生時の学力は市による学力調査、六年生時は全国学力・学習状況調査を利用する。三時点の算数の学力はアンカーテストを用いることで比較可能なように事後等化されているので、同一児童の成績の変化を把握できる（川口ほか 二〇一九）。学力テストと市による質問紙は悉皆調査で、研究チームが作成した質問紙については学校規模に応じて抽出された学級を対象とした調査（詳しくは川口 二〇二〇）である。本章の分析で基本となるデータは、小学校四年生時に行われた抽出の保護者調査に対して回答があった四〇二四ケースで、一三八校の小学校が含まれる。

同一個人の学力の変化を追跡できる国内の学校を通して実施されたパネル調査の代表例は「埼玉県学力・学習状況調査」であるが、保護者調査によるSES変数がないうえに、政令指定都市であるさいたま市という都市部が参加していない。一方、二〇一三年と二〇一七年に実施された全国学力・学習状況調査の保護者調査はSES項目が含まれる大規模な児童生徒・学校調査だが、一時点のデータに留まる。本章が用いるいろは市のデータは大都市の学校で行われたパネル調査であり、SESを指標化できる項目のある保護者調査も含まれている点に特徴がある。

2.2　教育格差を何から読み取るか――分析に用いる変数

本章では、SES、学校外教育機会、生活・学習の習慣など、教育成果の中間指標という四つの視点から分析する。それぞれの視点に関わる変数は、以下の通りである。

①社会経済的地位（SES）

SESの尺度を作成するために、四年生時点の独自調査の保護者回答を用いる。本章は学校で収集できるデータによって現状を可視化することが目的なので、意味を取ることが容易な形で変数を作成した。

親学歴：SESを代理的に示す指標として、親の学歴を大卒か非大卒かの二区分とした。ただ、男女の四年制大学卒の割合の差が未だに大きく、父母共に四年制大学卒以上とするとかなり有利な層に限定することになるので、父親は四年制大学卒以上（四大・大学院）を、母親は短大卒以上（短大・四大・大学院）を大卒とした。この定義だと、「親大卒者数」（両親とも非大卒0、一方が大卒1、両親とも大卒2）でそれぞれ約三分の一ずつの層となる。

学校でデータを収集する際、保護者調査の実施が難しいことがある。その際は、子どもでも回答可能な「家庭の蔵書数（雑誌、新聞、教科書は含まない）」を利用することが一つの方法となる。選択肢は五区分で「〇～一〇冊」「一一～二五冊」「二六～一〇〇冊」「一〇一～二〇〇冊」「二〇〇冊より多い」である。平均の冊数を出す際は「二〇〇冊より多い」は200とし、他の区分は中央値をあてた。

学校の両親大卒割合：学校水準のSES指標は、学校の両親大卒割合である。これは各学校の児童のうち両親が大卒の割合を示す。また、学校蔵書数平均（児童の家庭にある本の冊数の学校平均）も作成し同じ分析を行っている。両親大卒割合のほうが様々な変数との関連が強いが、学校蔵書数平均でも概ね同じ結果となる。

毎日とどく新聞：家庭所有物の中で、最も学校教育と親和性が高いと考えられる「毎日とどく新聞」を持っている児童を1、そうでない児童を0とした。

父母同居：家族構成を示す変数として同居人についての回答を用い、父母それぞれと同居していれば1を、非同居は0とした。なお、質問には単身赴任は同居扱いと明記されている。

②学校外教育機会

習い事：調査票では、八種類の習い事について参加有無を回答するよう求めている。種目は「音楽」「習字」「そろばん」「スポーツ」「英語」「絵」「バレエ・ダンス」「学習塾」で、「その他」と「何もしていない」も独立した項目になっている。各項目に参加あるいは該当するときは1、不参加・非該当は0とした。このような習い事は、学校外で大人の指導者から助言と評価を受けるという、学校と似た経験を積むことができる機会といえる（松岡 二〇一九）。

親の文化的行動：家庭内の親の文化的行動の頻度について児童が回答した五項目を用いる。学校単位で割合を出すためにも非該当を0、該当を1とする。本章では意味を取りやすくするために「ほぼ毎日」と「ほとんどない」という頻度が最も高い層と低い層に注目する。文化的行動の項目は、「お家の人がテレビでニュース番組を見る」、「お家の人が本を読む」、「お家の人が新聞を読む」、「お家の人がパソコンを使う」、「読んだ本の内容についてお家の人と話をする」である。

子育て実践：家庭内における子育て実践として、児童が回答した五項目を利用した。ここでは年に何度も実行することが難しい項目があるので意味を統一するために、「一年に一回もない（「連れていってもらったことはない」）」だけに着目し、「一度もない」割合を出した。これに該当する児童は各種子育て実践を受けていない、教育的経験が少ない層と解釈できる。五項目は、「お家の人に図書館に連れていってもらった」、「お家の人に博物館や美術館に連れていってもらった」、「お家の人にミュージカルやクラシックコンサートに連れていってもらった」、「お家の人に国内旅行に連れていってもらった」、「お家の人に海外旅行に連れていってもらった」である。

③生活・学習の習慣など

全国学力・学習状況調査の児童生徒票の質問項目は特に教科（授業）について社会調査の基礎を踏まえていない思い付きでつくられたような項目が多い[1]。本章で利用する項目も文言として理想的であるとは言い難いが、これまでの調査の個票データを用いてもSESによる様々な格差を描くことは不可能ではない。本章では生活習慣、時間の使い方、家庭での親の会話、教科との親和性について検討する。

朝食を毎日：「朝食を毎日食べている」に「している」を1。その他の非該当は0。

平日に二時間以上学習：「二時間以上」を1。その他の非該当は0。

平日に読書をまったくしない：「まったくしない」を1。その他の非該当は0。

親との会話がない：「家の人と学校の出来事について話す」に「まったくしない」を1。その他の非該当は0。

学校の宿題をする：「している」を1。その他の非該当は0。
新聞を週一回以上読む：「週一以上」を1。その他の非該当は0。

④教育成果の中間指標
算数・等化：比較可能なように等化され、時点間で比較が可能な算数の学力。
国語・偏差値：各学年時点の国語の点数を偏差値化。
身長と体重：四年時と六年時の数値。
虫歯の本数：学校での検査結果で報告された虫歯の本数。
中学受験意思：「あなたは、どこかの中学校（私立中学校や大学の付属中学校、中高一貫校など）を受験しようと思っていますか」という問いに対して、選択肢は「はい」、「まだ決めていない」、「いいえ」の三つ。このうち「はい」と回答した児童を1、それ以外を0とした。
大学進学期待：「あなたは、将来、どの学校まで進みたいと思いますか」に対して、「大学まで」あるいは「大学院まで」を選択した児童を「大学進学期待」を持つと定義した。大学進学率が上がっているので、男児だけではなく女児についても四年制大学以上を意味する「大学まで」以上を1、他の学校段階と、「まだ決めていない」を選択した場合は0とした。

3　分析結果

3.1　家庭と学校の社会経済的地位（ＳＥＳ）

まず、表３－１にいろは市の小学四年生の家庭環境を示した[2]。親大卒者数別に家庭の蔵書数と新聞購読の平均値を出すと、大卒の親が多いほど本の冊数が多く、新聞を取っている割合も高いことがわかる。「本の冊数」は小学校四年時の回答で、小学校五年と六年時点の同じ項目でも本の冊数は各層微増するが、親大卒者数別の格差の傾向に変わりはない。「毎日とどく新聞」も四年時の回答を用いているが、五年・六年の変数でも似た結果となる。

表 3-1　親大卒者数別：家庭の蔵書数と新聞購読(4 年時)

親大卒者数	世帯(%)	本の冊数	「毎日とどく新聞」(%)
0	33	65	32
1	33	78	43
2	34	96	54
2と0の差		31	22

人々は地価や家賃、通勤時間など様々な条件を考慮して居住地を選んでいるため、公立校であってもどのようなＳＥＳの家庭の子どもが通っているかには、学校間において小さくない差がある。たとえば、比較的高額な一軒家やマンションが立ち並ぶ地域の公立校では両親大卒層の割合が高いだろうし、この高学歴層の教育熱に応えるように、学習塾や習い事なども供給されることになる。そのような地域にある公立校では、両親大卒割合が高いのみならず、家庭の蔵書数も多く、新聞購読世帯の割合も高い。同級生の親が両親大卒であることも含め、このような地域は教育達成と親和的な環境と考えられる。一方で、両親大卒割合の低い地域の公立校では、家庭の蔵書数は少なく、新聞購読世帯もあまりないことが予想される。

いろは市のデータを学校水準で見てみよう。一つの教育委員会が管轄する同じ市内に一〇〇を超える公立小学校があるが、各校には異なる社会経済的文脈がある。表３－２にあるように、児童一〇〇人のうち四八人の母親が大卒であれば、その小学校はいろは市において母親の学歴が「ふつう」ぐらいである。同様に、父親が四年制大学以上卒である割合が四六％であれば、平均的な小学校といえる。両親大卒割合だと三人に一人ぐらい（三一％）である。

表 3-2　学校水準：小学校間の SES 格差

	最小値	最大値	平均	標準偏差	上位約16%	下位約16%
母大卒(%)	0	90	48	16	64	32
父大卒(%)	6	89	46	17	63	29
両親大卒(%)	0	75	31	16	47	14
本の冊数	33	129	77	20	97	56
「毎日とどく新聞」(%)	16	81	41	11	52	30

最小値と最大値に目を向けると、同一市内とは思えないほど幅があることがわかる。母大卒割合が〇人（〇％）の小学校もあれば、一〇人のうち九人（九〇％）が大卒の学校もある。父大卒と両親大卒割合それぞれで見てもだいぶ幅がある。いろは市の教員は人事異動のたびに親の学歴構成にかなり違いがある児童集団を担当することになる。両親大卒割合が高い学校であれば、平均的な学力、通塾率、大学進学を前提としている児童の割合などが高いので（松岡 二〇一九）、学習指導要領に基づいた授業を行うのは比較的容易と考えられる。一方で、両親大卒割合が低い学校では、学力水準や通塾率も低く、大学進学を前提としない児童の割合が高いので、両親大卒割合が高い学校と同じような授業はできないだろう。換言すれば、一つの市内の公立校であっても配属される学校のＳＥＳによって、教員としての仕事のやり易さに大きな差があることになる。

なお、表３－２に記載した変数だけでも、教育を行ううえでの条件が学校間で異なることがわかる。たとえば、両親大卒割合が高い学校であれば家庭の蔵書数の平均冊数は多く、「毎日とどく新聞」が家庭にある割合も高い傾向にある。(3) 家庭に本や新聞がある児童の割合が高い学校とそうでない学校では、授業をする前提に差があることになる。たとえば「上位約一六%」は、平均に一標準偏差を足したもので平均五〇の偏差値でいえば六〇にあたる。一〇〇校あったときに上から一六番目ぐらいに両親大卒割合が高い学校だと、児童二一人のうち約一人(四七%)の両親が大卒ということになる。一方、「下位約一六%」は偏差値でいう四〇で、一〇〇校あったとき両親大卒割合が下から一六番目ぐらいの学校だと、児童一〇〇人のうち約一五人(一五%)が大卒の両親を持つことを意味する。

3.2 家族構成

前項の家庭環境格差は一時点のデータによって描かれたものである。次に、パネルデータを使って家庭環境の格差を見てみよう。もっとも、家庭環境は複数時点で見ても大きくは変わらない。実際に複数時点のデータを用いても、親大卒者数といった大きな集団で見る家庭環境格差はほとんど変動しない。この一例として、父母と同居していない児童の割合を示したのが表3-3である。

父親と同居していない家庭は一〇人に約一人存在し、全体の動向としては学年によって大きく変わらない。(4) 母親については一〇〇人のうち一人程度が当てはまるが、この数値は学年間でほとんど同じである。重要なことに、父母非居住は無作為に起きているわけではない。表3-4にあるように、親大卒者数の三層に分割すると、親の学歴によって非同居になるかどうかに差があり、父親がいない家庭の割合は両親非大卒層（０）で高く、両親大卒層（２）ではかなり低い。

担任の教師にとって、児童の親の学歴、家庭の蔵書数、新聞購読の有無は、意識的に調べなければ把握する機会はあまりないかもしれない。児童や親とのやりとりの中で、担任が気づきやすい特徴としては、一人親家庭の割合の多寡があるだろう。親学歴によって一人親かどうかには差があるので（表３－４）、一人親家庭の児童の割合は学校間で異なる。父母が不在の家庭が一つもない学校もあれば、父親が同居していない家庭が約四割（四四％）の学校もある。多くの学校ではその割合は低く、釣鐘型の正規分布にはなっていない（表３－５）。そこで最小値である〇％の学校の割合を出した。いろは市では一〇校のうち一校は父親非同居家庭が〇で、一〇校のうち七校は母親非同居家庭が〇である。なお、非大卒層に父親非同居が多いので、両親大卒割合が高い学校では父親非同居家庭の割合は低い[5]。両親大卒者の割合が異なるのみならず、一人親家庭の割合が学校によってまったく異なることも、教育実践を成立させる土台が学校によって違うことを示している。

表 3-3　父母と同居していない児童（%）

	4 年	5 年	6 年
父	8.8	9.8	10.4
母	1.0	0.9	1.2

表 3-4　親大卒者数別：父母と同居していない児童（%）

	親大卒者数	4 年	5 年	6 年
父	0	14.4	15.2	14.7
	1	8.5	9.7	8.4
	2	3.2	4.0	4.0
母	0	1.4	1.2	1.6
	1	0.5	0.7	1.2
	2	0.1	0.2	0.4

表 3-5　学校水準：父母非同居（小 4）（%）

	最小値	最大値	平均	標準偏差	0% 学校
父	0	44	9.8	6.9	9.4
母	0	13	1.1	2.2	71.2

3.3 学校外教育機会――習い事

次に、子どもたちが学校外でどのような時間を過ごしているかを検討する。表３‐６は各学年時点における習い事の参加状況である。四年生時の選択肢には「学習塾」が含まれていないので、通塾者は「その他」を選んでいると考えられる。概ね、参加率は四年時で高く、学年が上がるにつれて低くなっていく。

表 3-6　習い事・参加率(%)

	4 年	5 年	6 年
音楽	21	20	17
習字	21	19	16
そろばん	9	7	6
スポーツ	59	57	52
英語	19	20	20
絵	2	2	1
バレエ・ダンス	10	9	8
学習塾	-	30	34
その他 (4 年は塾を含む)	28	8	11
何もしていない	12	11	13

例外は学校教育と直結する学習塾と英語である。これは両親大卒層が、小学校低学年までは学校教育と直接関係がなくても多種多様な経験をさせ、四年生あたりから学校で評価される項目に焦点を移し始める（＝他の習い事は減らして塾に通わせるようになる）日本版「意図的養育」パターン（Matsuoka 2019, 松岡 二〇一九）がいろは市でも行われていることを示唆している。

親大卒者数別に参加率を出すと（表３‐７）、「誰」がどのような習い事をしているのかに階層性があることがわかる。この親学歴による格差は学年が上がってもあまり変わらない。両親大卒層と両親非大卒層の差を示した「2と0の差」を見ると、たとえば、「音楽」と「英語」は四年生の時点で差があり、その程度が五年生、六年生になっても大きく変化していない。階層性が縮小しているのは「スポーツ」だが、六年生になっても両親大卒層のほうが両親非大卒層より高い。「その他」は四年生と

表3-7　親大卒者数別：習い事・参加率（%）

	親大卒者数	音楽	習字	そろばん	スポーツ	英語	絵	バレエ・ダンス	学習塾	その他（4年は塾を含む）	何もしていない
4年	0	14	18	8	52	13	2	9	-	21	19
	1	22	22	11	58	20	2	10	-	29	8
	2	29	24	11	66	25	3	11	-	38	6
	2と0の差	16	6	3	15	12	1	2	-	17	−14
5年	0	13	16	5	49	13	1	9	21	7	19
	1	19	20	8	56	21	2	9	30	9	11
	2	29	24	8	61	27	2	11	40	9	4
	2と0の差	16	8	2	13	14	1	2	19	2	−15
6年	0	11	15	4	47	13	1	8	23	10	20
	1	18	18	6	53	20	2	9	35	11	11
	2	24	20	6	55	28	2	9	47	13	6
	2と0の差	13	5	2	8	14	1	2	24	3	−14

※本章の表の数値は見やすくするための四捨五入によって，差が一致しない箇所がある．

比べると五年生の「２と０の差」は大きく縮小するが、これは「学習塾」が「その他」に含まれなくなったことによると考えられる。その「学習塾」はといえば、五年より六年のほうが親大卒者数による格差が広がっているように見える。

いろは市では学校間で親学歴の分布に大きな差があるため（表３-２）、これら親学歴による習い事参加格差は、学校間の格差としても観察することができる。表３-８にあるように、個人水準と同じく、平均値は英語と学習塾以外は減少傾向にある。一方、一つの市内の公立校であっても、学校によって何が「ふつう」かに違いがあることがわかる。ほぼ全員が何らかの「スポーツ」の習い事をしている学校もあれば、一〇人に一人か二人しか参加していない学校もある（最大値〜最小値）。同様に、三人に二人近くが通塾している学校もあれば、誰も塾通いしていない学校もある（最大値～最小値）。標準偏差は大きくても一〇前後なので多くの学校は平均まわりにあるが、同じ市内でも学校によって「ふつう」が違うと言えるだろう。

各学校の習い事参加率は、親が「やらせたい」・子が「やりたい」という理由だけでなく、学校の同級生が「〝みんな〟やっているから」と習い始める選択が混ぜ合わさったものと考えられる。結果として、どの学年においても両親大卒割合と習い事参加率に相関関係が見られる（表3-9）。学校教育や私立中学校受験に直接的に役立つであろう学習塾はスポーツと比べてより強く関連する。一方、「何もしていない」の係数は負なので、両親大卒割合が低い学校では「何もしていない」率が高いことがわかる。

なお、いろは市では小学校卒業後に児童の一部は私立校や市外に流出するが、大半は地元の公立中学校に進学する。新入生の学校外教育経験の蓄積量にSESによる格差があるので、同じ市内の公立中学校であっても、教える側からすればだいぶ違う生徒層を担当することになる。

ここまで学校外教育機会を各調査時点について検討してきた。それぞれの学年における経験の格差も重要であるが、同じ児童を追跡するパネルデータである利点を活かせば、どの層が学校外教育という経験を経年で累積的に蓄積しているのか、その累積的優位（accumulative advantage）を可視化することができる（Matsuoka 2019）。

この目的のために、三時点すべてで調査対象だった回答者に限定して分析する。具体的には、まず各学年時における習い事参加種類数をすべて合計する。たとえば、四年生から六年生まで水泳だけ習っていたとすると1＋1＋1＝3になるし、四年生で水泳と英会話と塾、五年生で水泳と塾、六年生で塾だけだった場合は3＋2＋1＝6といった具合である。いろは市の平均は五、標準偏差は三なので、いろは市における平均的な児童は小学校最後の三年間に毎年約一・六七種類の習い事に参加していることになる。これまで見てきたのと同じように、この経験蓄積量は親大卒者数によって差がある（表

表3-8　学校水準：習い事・参加率(%)

	最小値			最大値			平均			標準偏差		
習い事種類	4年	5年	6年	4年	5年	6年	4年	5年	6年	4年	5年	6年
音楽	0	0	0	40	39	33	20	18	16	9	7	6
習字	0	0	0	44	44	37	20	18	16	9	7	7
そろばん	0	0	0	30	20	23	9	7	5	6	5	4
スポーツ	8	18	9	88	92	90	57	55	51	12	11	10
英語	0	0	0	50	44	42	17	18	18	9	9	8
絵	0	0	0	25	7	10	2	1	1	4	2	1
バレエ・ダンス	0	0	0	31	33	33	9	9	8	7	5	4
学習塾	-	0	0	-	64	61	-	27	32	-	12	13
その他(4年は塾を含む)	0	0	0	63	31	30	26	8	11	12	5	5
何もしていない	0	0	0	50	44	48	13	13	15	9	8	9

表3-9　学校水準：両親大卒割合と学校単位の習い事参加率・相関係数

	音楽	スポーツ	英語	学習塾	何もしていない
4年	0.50**	0.42**	0.54**	-	−0.48**
5年	0.54**	0.33**	0.56**	0.61**	−0.58**
6年	0.49**	0.30**	0.61**	0.66**	−0.63**

＊＝$p<0.05$,　＊＊＝$p<0.01$

表3-10　累積する経験量の格差：習い事(1年あたりの種類数)

親大卒者数	4年生	5年生まで	6年生まで
0	1.4	2.7	4.0
1	1.7	3.5	5.2
2	2.1	4.2	6.1
2と0の差	0.7	1.5	2.1

3‐10）。四年生の時点だと、両親大卒層（2）と両親非大卒層（0）の違いは一に満たない。しかし、この差は、四年と五年の参加を合算した「五年生まで」で一・五になる。さらに、六年時点の参加状況を追加した「六年生まで」だと両親非大卒の場合は三年間の合計が四・〇、両親大卒層は六・一なので、その差は二・一である。

各時点での親大卒者数による差が変わらないので、（比率で確認できる）相対的な格差が変化しているわけではない。ただ、子育てパターンは子どもの学年によって変容するので（Matsuoka 2019）、本書が用いているデータに含まれていない小学校低学年や未就学段階の習い事参加の実態を追加すれば経験蓄積量の差はより大きなものになると考えられる。これは、親学歴で代理されるＳＥＳによって蓄積された学校外教育の経験量が中学校の新入生間で大きく異なることを意味する。学校外における学習経験量格差は子どもたちを一見してもわからないかもしれないが、「生まれ」による有利不利がないわけではないのである。

3.4　学校外教育機会――親の文化的行動

子どもにとって最も身近なロールモデルである親の行動、中でも五つの行動について「ほぼ毎日」と「ほとんどない」に着目する。表3‐11にあるように、親がテレビでニュース番組を「ほぼ毎日」見る家庭は多く、「ほとんどない」は少ない。一方で、残りの行動は親にとってだいぶ異なる様相である。

これらの行動の階層性を示しているのが表3‐12と表3‐13である。「ニュース番組」と「本の話をする」の「ほぼ毎日」については、どの学年でも両親大卒層と両親非大卒層（2と0の差）で明確な差は見られない。しかし、「本を読む」「新聞を読む」「パソコンを使う」は、親学歴による違いを確認できる（表３－12）。中でも、「本を読む」は四年から六年にかけて差が拡大傾向にあるように見える。「ほとんどない」についても同じような親学歴による差がある（表３－13）。

表3-11　親の行動（%）

	「ほぼ毎日」			「ほとんどない」		
	４年	５年	６年	４年	５年	６年
お家の人がテレビでニュース番組を見る	76	78	80	5	4	4
お家の人が本を読む	15	16	15	45	42	43
お家の人が新聞を読む	30	30	28	53	54	57
お家の人がパソコンを使う	48	52	57	22	17	15
読んだ本の内容についてお家の人と話をする	12	10	8	57	60	63

いろは市では親の大卒割合が学校によって大きく異なるので、親の行動も学校間に大きな偏りがある。たとえば、四年生だと、「ニュース番組」を「ほぼ毎日」見ている親が二人に一人に留まる学校（最小値）もあれば、全員が見ている学校（最大値）もある。同様に、「本を読む」と「本の内容について」話をする親が皆無の学校（最小値）もある（表３－14）。「ほとんどない」で見ても同様で、「家庭で親が○○をするのが〝ふつう〟」かどうかに学校間で違いがあることがわかる（表３－15）。

これらの親行動の学校間格差は階層性と無縁ではない。両親大卒割合は概ねどの学年でも親行動の学校平均と関連している。例外として、大半が見ている「ニュース番組」はどの学年でも両親大卒割合との関連が見られない。一方、「パソコンを使う」と「本の話をする」の「ほぼ毎日」は五年と六年では一定の相関関係がある（表３－16）。「本の話をする」の「ほとんどない」も四年よりは五年と

表 3-12　親大卒者数別：親行動「ほぼ毎日」(%)

	親大卒者数	ニュース番組	本を読む	新聞を読む	パソコンを使う	本の話をする
4年	0	76	12	21	44	11
	1	78	14	31	47	12
	2	75	19	42	53	11
	2と0の差	−1	7	21	8	0
5年	0	78	12	20	48	9
	1	82	15	30	51	11
	2	79	20	40	57	10
	2と0の差	1	9	19	9	1
6年	0	81	10	19	54	6
	1	83	12	30	56	7
	2	80	21	38	60	9
	2と0の差	−1	11	19	5	2

表 3-13　親大卒者数別：親行動「ほとんどない」(%)

	親大卒者数	ニュース番組	本を読む	新聞を読む	パソコンを使う	本の話をする
4年	0	5	52	65	27	59
	1	3	45	52	22	58
	2	5	35	39	16	54
	2と0の差	0	−17	−26	−10	−6
5年	0	4	51	63	23	65
	1	3	44	54	18	61
	2	4	31	42	12	54
	2と0の差	0	−20	−21	−12	−11
6年	0	4	54	68	21	70
	1	3	45	56	15	65
	2	4	31	45	12	57
	2と0の差	1	−22	−24	−9	−12

表3-14　学校水準：親行動「ほぼ毎日」(%)

	最小値			最大値			平均			標準偏差		
	4年	5年	6年	4年	5年	6年	4年	5年	6年	4年	5年	6年
お家の人がテレビでニュース番組を見る	50	56	67	100	94	93	76	78	80	9	6	5
お家の人が本を読む	0	0	0	38	35	40	14	15	15	7	7	6
お家の人が新聞を読む	10	8	8	63	69	65	29	29	27	10	9	9
お家の人がパソコンを使う	19	23	32	95	79	80	48	51	56	16	12	9
読んだ本の内容についてお家の人と話をする	0	0	0	33	26	20	12	10	8	7	5	4

表3-15　学校水準：親行動「ほとんどない」(%)

	最小値			最大値			平均			標準偏差		
	4年	5年	6年	4年	5年	6年	4年	5年	6年	4年	5年	6年
お家の人がテレビでニュース番組を見る	0	0	0	19	16	12	5	4	4	4	3	2
お家の人が本を読む	20	19	22	92	78	73	46	44	45	12	10	10
お家の人が新聞を読む	31	19	29	78	75	82	54	55	58	11	9	9
お家の人がパソコンを使う	0	3	5	54	54	33	23	18	16	11	8	6
読んだ本の内容についてお家の人と話をする	35	35	44	90	100	87	57	61	64	11	9	8

表3-16　学校水準：両親大卒割合と親行動「ほぼ毎日」割合の相関係数

	ニュース番組	本を読む	新聞を読む	パソコンを使う	本の話をする
4年	−0.09	0.42**	0.37**	0.06	0.00
5年	0.00	0.47**	0.44**	0.22*	0.26**
6年	−0.01	0.48**	0.45**	0.23**	0.27**

表3-17　学校水準：両親大卒割合と親行動「ほとんどない」割合の相関係数

	ニュース番組	本を読む	新聞を読む	パソコンを使う	本の話をする
4年	0.01	−0.49**	−0.51**	−0.29**	−0.19*
5年	−0.07	−0.56**	−0.49**	−0.38**	−0.44**
6年	−0.02	−0.58**	−0.45**	−0.39**	−0.47**

* = $p<0.05$,　** = $p<0.01$

六年でより強い関係が見受けられる（表3－17）。

親の文化的行動に日常的に触れている、あるいは、ほとんど触れていないという経験についての累積した格差について表3－18と表3－19にまとめた。既に見たように各学年で親大卒者数による差が大きくも小さくもならないので、「四年生」を三倍した数値（三学年分）が「六年生まで」の結果とほぼ同じである。格差が平行推移していることになるので、一時点で観察された相対的な格差と変わらないが、目には見えなくても積み重なっているであろう経験蓄積の差が大きいことを、同じ児童を追跡したデータで確認することはできる。

3.5　学校外教育機会——子育て実践

親の子育て実践五項目について、過去一年において「ない」割合を表3－20にまとめた。学年によって変動はあるが、大きく異なるほどではない。

親大卒者数別にこれらの五項目を見ると、両親大卒層と両親非大卒層の差（2と0の差）は明確に存在し、同じ児童を追跡した三時点で格差が維持されていることがわかる（表3－21）。「国内旅行」や

「海外旅行」は少なくない費用がかかるので格差があることは不思議ではないが、入場料のない「図書館」で階層差が大きいことは、経済資本だけの問題でないことを示唆している。これらは先行研究（松岡 二〇一九など）が示す傾向と一致する。

表3－22は各小学校における「ない」割合の記述統計を示している。七割前後の児童が「図書館に連れていってもらった」経験を過去一年の間にもたない学校がある（最大値）。他項目でも同じで、学校によって児童の学校外経験に偏りがあることがわかる。「海外旅行」は全員「ない」学校（最大値）もあれば、二人に一人は過去一年に一度以上家族で海外旅行をした児童がいる学校（最小値）もある。

表3-18　累積する経験量の格差：親行動「ほぼ毎日」(各年)

	4年生	5年生まで	6年生まで
0	1.6	3.2	4.8
1	1.8	3.6	5.4
2	2.0	3.9	5.9
2と0の差	0.3	0.7	1.1

表3-19　累積する経験量の格差：親行動「ほとんどない」(各年)

	4年生	5年生まで	6年生まで
0	2.0	4.0	6.2
1	1.7	3.5	5.4
2	1.5	2.9	4.4
2と0の差	−0.6	−1.1	−1.8

また、学年間で比べると、最小値と最大値だけではなく平均や標準偏差を見ても学年によって大きく変わっていないようである。

各学校の両親大卒割合と過去一年間に一度も子育て実践が「ない」割合は、どの学年においても関連が存在する（表3－23）。費用のかからない「図書館」も他項目と変わらない程度に階層性があるといえる。

これらの親の子育て実践が「ない」経験についての累積的格差について表3－24にまとめた。親の文化的行動と同じように、親大卒者数による差が経年で平行推移しているので、「四年生」に三をかける

表 3-20　子育て実践「ない」(%)

	4 年	5 年	6 年
お家の人に図書館に連れていってもらった	27	26	30
お家の人に博物館や美術館に連れていってもらった	36	32	32
お家の人にミュージカルやクラシックコンサートに連れていってもらった	64	62	62
お家の人に国内旅行に連れていってもらった	25	18	18
お家の人に海外旅行に連れていってもらった	84	84	85

表 3-21　親大卒者数別：子育て実践「ない」(%)

	親大卒者数	図書館	博物館	コンサート	国内旅行	海外旅行
4年	0	36	44	68	30	86
	1	24	34	65	22	85
	2	18	28	58	19	81
	2と0の差	−18	−16	−9	−11	−6
5年	0	36	38	67	24	89
	1	27	34	63	19	85
	2	16	24	53	12	80
	2と0の差	−20	−14	−14	−12	−10
6年	0	40	40	68	24	90
	1	30	32	64	16	87
	2	21	24	54	13	81
	2と0の差	−18	−16	−14	−11	−8

表 3-22　学校水準：子育て実践「ない」(%)

	最小値			最大値			平均			標準偏差		
	4年	5年	6年	4年	5年	6年	4年	5年	6年	4年	5年	6年
お家の人に図書館に連れていってもらった	4	7	14	77	67	73	29	28	32	13	10	11
お家の人に博物館や美術館に連れていってもらった	4	7	12	67	61	62	37	33	33	12	10	9
お家の人にミュージカルやクラシックコンサートに連れていってもらった	31	38	38	93	92	86	65	62	63	12	9	9
お家の人に国内旅行に連れていってもらった	0	5	2	56	69	60	26	20	19	11	10	8
お家の人に海外旅行に連れていってもらった	47	52	48	100	100	100	85	85	86	10	8	8

表 3-23　学校水準：両親大卒割合と子育て実践「ない」割合の相関係数

	図書館	博物館	コンサート	国内旅行	海外旅行
4年	−0.58**	−0.43**	−0.46**	−0.42**	−0.39**
5年	−0.51**	−0.60**	−0.43**	−0.54**	−0.48**
6年	−0.57**	−0.55**	−0.45**	−0.51**	−0.52**

* = $p < 0.05$,　** = $p < 0.01$

表 3-24　累積する経験量の格差：子育て実践「ない」(各年)

	4年生	5年生まで	6年生まで
0	2.6	5.1	7.7
1	2.3	4.5	6.7
2	2.0	3.8	5.7
2と0の差	−0.6	−1.4	−2.0

と「六年生まで」とほぼ同じとなる。

3.6 生活・学習の習慣など

全国学力・学習状況調査で把握できる項目を、解釈しやすい形にした記述統計を表3－25にまとめた。概ね、学年間で大きく変わっていない項目が並ぶ中、中学受験層が学校外学習時間を増やしているのか、「平日に二時間以上学習」は増加傾向である。

表3-25 生活・学習の習慣(%)

	4年	5年	6年
朝食を毎日	87	86	83
平日に2時間以上学習	22	26	33
平日に読書をまったくしない	21	22	21
親との会話がない	7	13	5
学校の宿題をする	83	84	89
新聞を週1回以上読む	22	20	17

表3-26 親大卒者数別：生活・学習の習慣(%)

	親大卒者数	4年	5年	6年
朝食を毎日	0	82	80	77
	1	90	88	86
	2	92	92	90
	2と0の差	10	12	13
平日に2時間以上学習	0	20	21	25
	1	21	25	33
	2	25	33	41
	2と0の差	6	13	16
平日に読書をまったくしない	0	25	28	28
	1	21	22	23
	2	17	17	15
	2と0の差	−8	−11	−13
親との会話がない	0	9	17	7
	1	6	13	4
	2	4	8	3
	2と0の差	−5	−9	−4
学校の宿題をする	0	77	80	87
	1	86	87	91
	2	89	90	92
	2と0の差	11	10	5
新聞を週1回以上読む	0	16	13	10
	1	19	17	16
	2	28	26	24
	2と0の差	12	13	15

表3-27　学校水準：生活・学習の習慣（%）

	最小値			最大値			平均			標準偏差		
	4年	5年	6年	4年	5年	6年	4年	5年	6年	4年	5年	6年
朝食を毎日	62	44	53	100	100	100	86	85	83	6	7	7
平日に2時間以上学習	0	0	5	45	50	57	21	25	31	7	9	10
平日に読書をまったくしない	0	0	0	45	65	49	21	23	22	8	9	8
親との会話がない	0	0	0	21	31	22	7	13	5	4	6	3
学校の宿題をする	56	58	62	100	96	100	82	82	82	8	7	6
新聞を週1回以上読む	9	2	3	43	38	41	22	19	16	6	6	7

表3-28　学校水準：両親大卒割合と生活・学習の習慣の相関係数

	朝食	平日2時間以上学習	平日読書しない	親との会話がない	学校の宿題をする	新聞を週1回以上読む
4年	0.32**	0.43**	−0.27**	−0.33**	0.29**	0.41**
5年	0.33**	0.52**	−0.35**	−0.29**	0.35**	0.47**
6年	0.43**	0.60**	−0.42**	−0.30**	0.29**	0.51**

* = $p<0.05$,　** = $p<0.01$

これらの項目には一定の階層性が存在する（表3-26）。学年によって「2と0の差」に変化がある項目もあればそうではないものもある。全体として指摘できることは、「親との会話がない」と「学校の宿題をする」以外は、両親大卒層と両親非大卒層の差が六年において大きい。一方で、学校教育での成功に最も直接的に寄与しそうな「平日に二時間以上学習」と「平日に読書をまったくしない」については、学年が上がるにつれて明確に階層差が広がっている。

これまで見てきたように、同じ市内に実際に存在する公立校であっても児童の生活習慣や学習経験は均一ではない。標準偏差の値が大きくないことから多くの学校は平均からそう離れていないことがわかるが、最小値と最大値の差は相当に大きい（表3-27）。

児童の生活や学習の習慣は学校の社会経済的文脈と無関係ではない。表3-28にあるように、

表3-29　親大卒者数別：生活・学習の習慣の累積経験量

	親大卒者数	4年生	5年生まで	6年生まで
朝食を毎日	0	0.82	1.63	2.40
	1	0.90	1.78	2.64
	2	0.92	1.85	2.75
	2と0の差	0.10	0.22	0.35
平日に2時間以上学習	0	0.21	0.42	0.69
	1	0.21	0.46	0.81
	2	0.25	0.58	0.99
	2と0の差	0.04	0.16	0.30
平日に読書をまったくしない	0	0.24	0.51	0.78
	1	0.20	0.42	0.63
	2	0.17	0.34	0.49
	2と0の差	−0.07	−0.17	−0.30
親との会話がない	0	0.08	0.26	0.33
	1	0.06	0.19	0.22
	2	0.04	0.12	0.15
	2と0の差	−0.04	−0.14	−0.17
学校の宿題をする	0	0.78	1.58	2.47
	1	0.87	1.74	2.65
	2	0.89	1.79	2.71
	2と0の差	0.11	0.21	0.25
新聞を週1回以上読む	0	0.16	0.29	0.40
	1	0.20	0.36	0.52
	2	0.28	0.55	0.79
	2と0の差	0.12	0.25	0.40

学校の両親大卒割合はこれらの項目と関連している。

全国学力・学習状況調査で計測される経験の累積状況を層別に確認しておこう（表3-29）。すべての項目は該当であれば1、非該当は0となっているので、「朝食を毎日」に毎年の調査時点であてはまれば「3」となる。同じ児童の回答状況を「六年生まで」合算した結果によれば、両親大卒層（2）

は「二・七五」と「朝食を毎日」を三年間（三調査時点）継続していることを意味する「3」に近い。一方、両親非大卒層（0）は、四年生時点でも朝食を毎日食べている割合は低いが、「2と0の差」が五年と六年の時点でやや大きい分、「六年生まで」の両親大卒層との相対的な格差も若干拡大する。

他の項目も各時点で親学歴層別に格差が拡大傾向にある項目、たとえば、「平日に二時間以上学習」や「平日に読書をまったくしない」では、累積した経験の差が大きくなる。TIMSS（IEA国際数学・理科教育動向調査）のような、小学生については四年生だけを対象とする一時点の調査を分析するだけでは、小学校間における経験蓄積の相対的な差を過小評価していることになる。児童は親大卒者数によって一定の格差傾向のある家庭内での経験を内在したまま、小学校を卒業することになる。

3.7　学力・健康

次に、教育成果の中間指標ともいえる学力と健康について検討しよう（表3-30）。学年間で比較可能なように等化された算数の学力は四年と比べて五年では標準偏差一分（一〇）上昇している。これは算数の学力の向上を意味する。しかし、五年から六年は平均を見ると僅かに下がっている。これはテスト実施時期が二時点間で大きく開いていないことが理由の一つと考えられる。国語の学力は学年間で比較できるように処理されていない、各時点における偏差値である。各試験時の相対的な学力なので、平均五〇、標準偏差一〇で示されている。

健康項目である身長、体重、虫歯の本数はいずれも五年時のデータがない。四年と六年で比較すると、身長は伸び、体重が増え、虫歯の本数は減っているので、望ましい方向に成長しているといえる。

表 3-30　学力・健康

	最小値			最大値			平均			標準偏差		
	4 年	5 年	6 年	4 年	5 年	6 年	4 年	5 年	6 年	4 年	5 年	6 年
算数・等化	16	19	26	74	86	86	50	60	59	9	10	10
国語・偏差値	24	24	18	68	66	67	50	50	50	10	10	10
身長	113	–	123	155	–	172	133	–	146	6	–	7
体重	16	–	21	64	–	105	30	–	38	6	–	8
虫歯の本数	0	–	0	15	–	18	0.6	–	0.3	1.4	–	1.0

表 3-31　親大卒者数別：学力・健康

	親大卒者数	4 年	5 年	6 年
算数・等化	0	47	56	55
	1	51	60	59
	2	54	64	63
	2 と 0 の差	7	7	7
国語・偏差値	0	47	47	47
	1	51	51	51
	2	54	54	54
	2 と 0 の差	7	7	7
身長	0	133.2	–	146
	1	133.4	–	146
	2	133.4	–	146
	2 と 0 の差	0	–	0
体重	0	30.3	–	38.6
	1	29.6	–	38.1
	2	29.4	–	37.7
	2 と 0 の差	−0.9	–	−0.9
虫歯の本数	0	0.8	–	0.4
	1	0.5	–	0.3
	2	0.4	–	0.2
	2 と 0 の差	−0.4	–	−0.2

表 3-32　学校水準：学力・健康

	最小値			最大値			平均			標準偏差		
	4 年	5 年	6 年	4 年	5 年	6 年	4 年	5 年	6 年	4 年	5 年	6 年
算数・等化	41	47	51	56	66	65	50	59	58	3.0	3.3	2.5
国語・偏差値	43	42	42	58	57	58	50	50	50	3.0	2.8	3.0
身長	129	-	143	136	-	150	133	-	146	1.1	-	1.0
体重	28	-	36	32	-	43	30	-	38	1.0	-	1.2
虫歯の本数	0.0	-	0.0	2.5	-	1.7	0.6	-	0.3	0.6	-	0.3

表 3-33　学校水準：両親大卒割合と学力・健康

	算数・等化	国語・偏差値	身長	体重	虫歯の本数
4 年	0.60**	0.62**	0.10	−0.12	−0.20*
5 年	0.39**	0.59**	-	-	-
6 年	0.64**	0.63**	0.05	−0.19*	−0.31**

* = $p < 0.05$,　** = $p < 0.01$

これらの項目の親学歴による差を表３－31にまとめた。どちらの教科も学力格差があり、学年による差は見られない。換言すれば、両親大卒層は四年生の時点で学力が高く、平均的に学力が向上した五年、それと同程度の学力の六年のときも同じような格差がある。学年間で比較可能ではない国語の偏差値は各学年の相対的な位置を示しているが、親学歴による差は学年間で変わらない。

一方、身長は親学歴によって差があるわけではない。身長に比べれば生活環境・習慣による差が強くでると考えられる体重については、四年と六年で両親大卒層のほうが両親非大卒層と比べて一キロ近く軽い。これは肥満の児童の割合が両親非大卒層において高いことを示唆する。虫歯の本数は全体的に減り、親学歴による差は縮小しているように見えるが、ゼロになっているわけではない。

表3-34　進路希望(%)

	4年	5年	6年
中学受験意思	24	19	14
大学進学期待	38	41	42

表3-35　親大卒者数別：進路希望(%)

	親大卒者数	4年	5年	6年
中学受験意思	0	19	16	10
	1	25	20	14
	2	28	25	19
	2と0の差	9	9	10
大学進学期待	0	29	28	28
	1	40	39	42
	2	47	53	55
	2と0の差	18	26	27

学校水準の各指標について表3－32にまとめた。標準偏差の値から、全体としては学校間の格差が大きいわけではないが、最小値から最大値の差は小さくない。

学校の両親大卒割合は三時点において算数と国語の学力と相関関係がある。身長は四年と六年のどちらにおいても関連が見られない。体重は四年時にはないが、六年時には弱い関連がある。虫歯の本数については四年と六年の双方で強くはないが関連が見られる（表3－33）。

3.8　進路希望

最後に、教育成果の指標である最終学歴と強く関連するとされる進路希望について見ておこう。どこまでの進路を想像するかは、児童がほぼ無意識のうちに学校との親和性を身体化しているかの指標になり得る。

大都市部に位置するいろは市は、高校卒業後まで見据えた進路選択といえる中学受験者が一定数存在する。本項では大学進学期待と併せて学年ごとの希望者の動向を確認する。表3－34にあるように、四年生で近所の公立中学校以外を小学校卒業後の進路として考慮する中学受験意思を示す児童は四人に一人(二四%)いるが、学年が上がるにつれて現実感が薄れるのか減っていく。一方、大学進学を自身の将来として期待する児童の割合は四年生の時点で四割近くいて(三八%)、五年、六年では大きく変わらない。

これらの進路希望に階層性があることは様々なデータで繰り返し確認されてきた。表3-35にあるように中学受験意思を持つ児童の割合は学年が上がるにつれて減るが、両親大卒層と両親非大卒層の間の差はほとんど変わらない。翻って、大学進学を期待する児童の割合は三時点で微増だが、四年から五年にかけて「2と0の差」が拡大している。両親非大卒層の大学進学期待は二九%から二八%へとほぼ変化はないが、両親大卒層は四七%から五三%と五年生時点で上昇している。学年が上がるにつれて両親大卒層が親の学歴に吸い寄せられているように見える。

学校水準の記述統計を表3-36にまとめた。同じ市内でも中学受験意思を持つ児童が一人もいない学校がある(最小値)。他方、四年生時点で二人に一人が近所の公立中学校以外を選択肢として考慮している学校がある(最大値)。同様に、大学進学を視野に入れている

表3-36　学校水準：進路希望(%)

	最小値			最大値			平均			標準偏差		
	4年	5年	6年	4年	5年	6年	4年	5年	6年	4年	5年	6年
中学受験意思	0	0	0	49	58	36	23	19	14	10	9	7
大学進学期待	8	8	8	67	61	67	37	39	41	12	11	11

表3-37　学校水準：両親大卒割合と進路希望割合の相関係数

	中学受験意思	大学進学期待
4年	0.28**	0.40**
5年	0.19*	0.57**
6年	0.41**	0.65**

* = $p<0.05$,　** = $p<0.01$

児童が一〇人に一人程度しかいない学校（最小値）から六、七人いる学校（最大値）までとだいぶ幅がある。中学受験意思と比べると、大学進学期待は最小値と最大値だけではなく、平均と標準偏差を見ても学年間であまり変わらない。

これらの学校間の進路希望の偏りは無作為に起きているわけではなく、両親大卒割合は中学受験意思と大学進学期待それぞれの児童割合と一定の関連がある（表3－37）。特に大学進学期待割合の階層性は、学年が上がるにつれて強まっているように見える。

4 データで可視化される実態――格差の平行推移

一時点の調査データだけを用いると、そこで描かれた格差は静的な実態の描写に留まる。どれだけ様々な観点に着目しても、それらが静止画であることに変わりはない。本章が利用したような三時点のパネルデータであれば、経時的なものに加えて累積・蓄積されたものを捉えることができる。ただ、本章の結果が示すのは、「生まれ」による結果の差が早い時期に存在し、子どもたちの学年が上がっても格差は大きく拡大も縮小もしない格差の平行推移という実態である。これは「パネルデータで動的に描かれた静的な格差」といえる。

社会経済的に有利な児童たちは早く走り出し、不利な児童たちは追いかけるが前を走る背中は大きくも小さくもならない。この傾向は拙著『教育格差』（ちくま新書）で描かれた、義務教育制度内における格差と一致する。たとえば、本章では、学年間で比較可能な等化した学力指標を用いて、学力格差の平行推移という傾向を示した。これは上記書籍にも記した、（さいたま市を除いた）埼玉県における家庭の蔵書数層別の学力の平行推移が、大都市部のデータでも確認されたことを意味する。なお、埼玉県のデータと同じく親学歴ではなく本の冊数を利用しても、同様の平行推移が見られる。さらには、学力以外の様々な項目についても、格差の平行推移が多かった。特に親の文化的行動と子育て実践に関する項目は、親大卒者数の層別で格差が維持されていた。

本章では、格差の平行推移に加えて、累積する経験蓄積格差という観点でも実証的知見を示した。格差が拡大しない平行推移であっても、同じ児童の回答を三時点で合算すると累積する経験量の差異はより大きいものになる。ただ、本章で報告した項目の多くは親学歴別の差が各時点で同程度である「格差の平行推移」なので、毎年の経験蓄積量を合算したところで、個人間の相対的な格差を示す比率が変わるわけではない。よって、複数時点で得られる動的な格差は、一時点で観察される格差から推測されるＳＥＳ層別の格差とそう変わらないのである。単に経験量を可視化したいのであれば、一時点の数値に年数をかければよいことになる。

一方で、格差が維持ではなく拡大・縮小する項目もあるうえ、高ＳＥＳ層が子どもの成長に伴って子育て実践の焦点を移すことが分かっているので（Matsuoka 2019）、経験蓄積量を正確に把握するためにはパネルデータのほうが望ましいことに変わりはない。子どもが小学校に通っている期間だけでも子育てパターンの変容があり（Matsuoka 2019）、未就学の段階でＳＥＳによって習い事の開始時期を含む様々な観点で格差がある（松岡 二〇一九）。これらの目には見えない個々の児童に内在する経験量の蓄積格差は、出身家庭のＳＥＳと教育成果（高校や大学受験などの選抜結果）が強く関連するメカニズムの一つと考えられるので、適切な指標化が求められる。パネルデータと比べて実施負担が軽い一時点の回顧調査を行うのであれば、未就学、小学校低学年、小学校高学年……と、子育てパターンの変容が報告されている時期別に聞き出すことが現実的な選択肢となるだろう。

5　政策への示唆——実態を変えるためにすべきこと

本章の結果が示す「生まれ」による生活・学習経験と教育成果の平行推移は、「今までと同じやり方の繰り返し」であれば「生まれ」による「格差の平行推移」にしかならない可能性を示唆している。SESによる格差があることはすでに分かっている。何度調査しても調査設計と項目が同じであれば結果の傾向が変わることはないはずなので、データで単純集計やクロス表を出すだけではなく、実際に介入し、パネルデータで効果があったのか追跡する必要がある。どのような政策介入であれば実際に結果を出すことができるのか、知見を社会全体で蓄積する段階に移行すべきなのだ（松岡編 二〇二一）。

なお、本章では複数時点を捉える動的なデータで「格差の平行推移」を描いたが、コロナ禍や大地震などによって大きな変化が生じる可能性はある。そのような衝撃の影響を把握するためには、平常時におけるパネルデータの定期的な収集・活用が必須となる。特に大きな衝撃を伴う出来事に際して、両親大卒層は社会経済的資源を駆使して負の影響を最小限に抑えるための戦略をとると考えられる（これは「意図的養育」による「補償的有利（compensatory advantage）」として理解できる）。同じような対応を両親非大卒層がしない（できない）のであれば、「生まれ」による格差が広がることになる。定期的にパネルデータを取っておかなければ、コロナ禍のような出来事でどんな「生まれ」の子どもたちが零れ落ちていくのかを把握することすらできないのである。

教育行政と学校現場への実践的示唆としては、まず、データによる可視化を通した児童生徒理解が挙げられる。たとえば、本章で利用したような複数時点のデータがあれば、子どもがどのような学習経験を蓄積してきたのかを可視化できるので、一時点の調査で格差の断面を見るよりも立体的に児童間の経験の差を把握することができる。また、小中連携をするのであれば、小学校のデータを児童ＩＤで紐付ければ、中学校の新入生がどのような学習経験をしてきたのか、入学式の前に教師間で共有可能となる。

データによって「格差の平行推移」という現状と向き合えば、それが個々の教師や管理職が抱え込んで解決できるような問題ではないことが自明となる。適切に収集・分析されたデータは、どのような追加資源が必要なのか行政と対話する際の具体的な材料になるし、「今まで」と違う実践の効果を検証するためにも欠かせない（松岡編 二〇二一）。実際に現場で結果を出すために文部科学省、地方自治体、学校現場の協働体制の確立が急がれる。

また、教師が教育格差の実態とメカニズムを理解できるようになることは、今後の教員養成改革や研修制度改革の課題である。現在の教員養成制度では、大半の大学において、本章で論じたような教育格差のメカニズムを学ばずに教師になることができてしまう上（松岡 二〇一九）、定期的な研修でも教育格差について体系的に学ぶ機会は乏しいと考えられる。筆者らはこうした現実を変えるべく、教師が知るべき知見をまとめた教科書『現場で使える教育社会学――教職のための「教育格差」入門』を刊行した（中村・松岡編 二〇二一）。本書とともども活用することを通じて学校関係者が教育格差という実態と向き合い、一人でも多くの子どもたちが可能性を追求できる学校教育へと変わることを願う。

注

（1） たとえば、令和二年度の小学校六年生向けの質問紙で、「授業では、学級やグループの中で自分たちで課題を立てて、その解決に向けて情報を集め、話し合いながら整理して、発表するなどの学習活動に取り組んでいたと思う」と複数の内容を一文に詰め込み、「当てはまる」「どちらかといえば、当てはまる」「どちらかといえば、当てはまらない」「当てはまらない」の中から一つ選ぶように求めている。課題の設定、情報収集、話し合いによる整理、発表と四つの要素のうち一つが「当てはまらない」場合、児童の解釈によって回答は変わり得るので、意味のある分析に利用することはできない。

（2） 個人水準の分析はすべて各学年のウエイト（重み）を用いた。ウエイトには、学校によって学級数が違うため、調査対象のなり易さが反映されている。

（3） 学校の両親大卒割合と家庭の蔵書数の学校平均の相関係数は〇・五一、両親大卒割合と新聞購読家庭割合の相関係数は〇・二七である（共に $p<0.01$）。

（4） 単身赴任を含まない。

（5） 学校の両親大卒割合と父親非同居の割合は各学年において一定の相関関係にある（－〇・三〇～－〇・四三）。

参考文献

Bessho, S., Noguchi, H., Kawamura, A., Tanaka, R., & Ushijima, K., 2019, "Evaluating Remedial Education in Elementary Schools: Administrative Data from a Municipality in Japan," *Japan and the World Economy*, 50, 36-46.

苅谷剛彦、二〇〇九、『教育と平等――大衆教育社会はいかに生成したか』中公新書。

川口俊明、二〇二〇、「教育行政が有するデータを利用した教育格差の実態把握」『福岡教育大学紀要』六九(四)、一七―二五頁。

川口俊明・松尾剛・礒部年晃・樋口裕介、二〇一九、「項目反応理論と潜在クラス成長分析による自治体学力調査の再分析――算数・数学の学力格差とその変容」『日本テスト学会誌』一五(一)、一二一―一三四頁。

松岡亮二、二〇一九、『教育格差――階層・地域・学歴』ちくま新書。

Matsuoka, R., 2019, "Concerted Cultivation Developed in a Standardized Education System," *Social Science Research*, 77, 161-178.doi:10.1016/j.ssresearch.2018.08.011

松岡亮二編、二〇二一、『教育論の新常識――格差・学力・政策・未来』中公新書ラクレ。

中村高康・松岡亮二編、二〇二一、『現場で使える教育社会学――教職のための「教育格差」入門』ミネルヴァ書房。

謝辞：本研究はＪＳＰＳ科研費 JP17K04713・JP21K02318・JP17H02683 の助成を受けたものです。

第４章　学習時間格差を是正するには

――子どもの環境差に応じた働きかけ

数実浩佑

１　努力格差・学習時間格差という問題

学力格差の問題に対して、「誰でも努力次第で高い学力を身につけることはできる」といったたぐいの声を耳にすることがある。しかし、「努力するか否か」が純粋な個人の意思や選択の問題ではなく、環境によって影響を受けているとしたらどうだろうか。社会経済的背景に恵まれ、良質な養育・教育環境のもとで学習に向かうことができる子どもと、社会経済的背景に不利を抱え、経済的・文化的・社会関係的資源に乏しい環境のもとで、学習するインセンティブも学習を効率的に進める資源ももたない子どもがいる。両者の境遇の差違に目を向けるならば、「努力次第で」という言葉を投げかけるのはためらわれるのではないだろうか。[1]こうした問題関心のもと、教育における努力の不平等に着目した研究は、教育社会学の領域を中心に多くの蓄積がある。

その先駆的な研究は、苅谷（二〇〇〇）の学習時間の研究に遡ることができる。一般に、どれだけ長く勉強するかは本人のやる気と努力次第だと思われている。ところが、学習時間の長短は家庭環境によって規定されているということが、苅谷（二〇〇〇）の研究で明らかにされている。つまり、長く勉強できるかどうか＝努力できるかどうかということさえ、家庭環境に左右されるのである。このようにして苅谷は、学習時間を努力の指標として位置づけたうえで、それが家庭背景によって規定されていることを実証し、「努力の不平等」という問題を提起した。そのうえで、どれだけがんばるかを個人の自由意思の問題とみなすことのイデオロギー性を指摘し、近代教育における教育の「公正」のあり方について再検討する必要性を主張した。その後、学習時間の階層差（家庭背景による格差）の問題は、多くの研究者が様々な角度から検討し、努力の水準は家庭環境によって影響を受けることが繰り返し実証されてきた（たとえば、金子 二〇〇四、中西 二〇一五）。さらには、学習時間のパネルデータ（同一個人を追跡調査することによって得られたデータ）を用いた結果、小学四年生あたりから、子どもの家庭背景別（両親の学歴別）にみた学習時間の格差が拡大していくことも明らかとなっている（Matsuoka et al. 2015, 松岡 二〇一九）。

それでは、なぜ学習時間（努力）の不平等という現象が生まれるのだろうか。ひとつの有力な説明は、親の子育てのスタイルの違いに着目することによって見出すことができる。松岡は、実証分析の結果、①家庭のＳＥＳ（社会経済的地位）――経済・文化・社会的な有利さ・不利さを統合した概念――によって、子育てのスタイルが異なること、②子育てのスタイルによって子どもの学習時間に違いがみられることを明らかにしている。たとえば、高ＳＥＳ（高い社会経済的地位）の親は積極的な学校外教育の利用、テレビ視聴・ゲーム時間の制限、家庭で子どもの学習に関わるといった傾向にあり、そのことが学習時間の伸びに結びつくと考察している（松岡 二〇一九：一三二）。

また数実（二〇一九）は、社会経済的に不利な立場にある生徒は、学校の成績が下がったとき、その後の学習時間が減少することを明らかにした。この結果について、補償的有利(Bernardi 2014)という概念をもとに解釈している。すなわち、「学業成績が下がったときに、社会経済的に豊かな家庭にいる生徒は、その親が子の成績低下という「失敗」を取り戻すために介入しようとするのに対して、不利な層の親は介入を行わない傾向にあるため、成績が下がったことが、その後の学習にも響いてくる」(数実 二〇一九：二二三)という仮説を提示している。

以上のように、親の子育てのスタイルや親の教育的介入・サポートの違いによって、学習時間の階層差のメカニズムを説明することは一定の妥当性を有していると思われる。しかし、そのメカニズムを親の関わり方の違いのみに還元してしまうのは適切ではなく、これらの研究が、努力するか否かが環境によって完全に決定されることを意味するわけではない。では、学習する／しないという行為の背後には、いかなる個人の意思や選択がかかわっているのだろうか。

そこで本章では、学習時間の階層差のメカニズムについて、親ではなく子ども自身に着目し、学習時間の問題を「学習する／しない」の行為・選択の問題と捉え、その決定メカニズムを、「合理的選択理論」という枠組みから分析していく。

2　子どもが学習に向かう四要素――分析枠組み

2.1　どんな「合理性」のもとに選択するか――合理的選択理論

前節で述べた課題に切り込むためには、「合理的選択理論」がひとつの有力な分析枠組みとなりうる。「合理的選択理論とは、人々の行為を合理的に選択されたものとして説明することを通じて、人々の行為の結果として生じている社会現象を説明する、という形式をもつ理論的試み」(盛山 一九九七：一三七)であり、この分析枠組みから学習時間の格差を分析する。

われわれは日々、朝何時に起きるか、どの交通手段で出勤するか、どの仕事内容からとりかかるか、誰と昼食を食べるか、家に帰ってからどのテレビ番組を見るか、夕食の献立はどうするか等々、それぞれの場面で無数の選択を通して生活を送っている。これらの選択は、過去の習慣を通して無意識的に起こっていると考えることも可能である。しかし突き詰めて考えれば、「なぜそれを選択したのか」という問いに対して、「今日いつもより早く起きたのは、朝から重要な会議が入っているからだ」「電車に乗るのが最も時間が短く、コストもかからないからだ」というように、その選択をした合理的な理由があるはずである。ここでいう合理的とは、「人びとが各選択肢について主観的な効用(主観的な評価、価値)を持ち、(予算などの)制約のあるなかで、効用を最大化すること」(小林 二〇一七：一六六)という意味である。

もちろん、その理由が第三者からみると「合理的」であるとは思えない場合もあるだろう。しかし、その選択を行った本人にとっては「合理的」なのかもしれない。以上のような、「選択の背後には、(その人なりの)合理性がある」という考えのもと、合理的選択としての個人の行動がどのように説明されるか、そして合理的選択の集積としての社会現象がどのように説明されるかという問いを扱うのが、合理的選択理論である(小林 二〇一七)。

実際、これまでに行われたマクロな教育の格差に関する研究でも、合理的選択理論の枠組みは、教育達成の階層差のメカニズムを検討するうえで、有力な分析モデルを提供している。古典的なモデルとしてまずあげられるのは、ブードンのＩＥＯ（Inequality of Educational Opportunity）モデルである。ブードンは、「個人は費用－危険－利益の組み合わせのうちで最も《効用》のある組み合わせを選択するように行動する」（Boudon 1973＝一九八三：九三）という命題をもとに、出身階層による教育機会の不平等が生まれるメカニズムを考察した。ブードンのＩＥＯモデルは、ブリーンとゴールドソープに引き継がれ、「相対的リスク回避仮説」と呼ばれる仮説が提唱された（Breen & Goldthorpe 1997）。

この相対的リスク回避仮説は、教育機会の不平等が生まれるメカニズムを明らかにするための理論枠組みとして注目を集め、日本でも多くの論者が実証的な検討を加えている（吉川 二〇〇六、近藤・古田 二〇〇九、荒牧 二〇一〇、藤原 二〇一一）。そのなかでも、学歴の下降回避に着目したモデルでは、子は親の学歴を参照し、親の学歴よりも自分の学歴が低くなることをリスクと捉え、そのリスクを回避するような教育選択を行うと考える。たとえば、親が大卒の場合、子は高卒や短大卒となることはリスクであると捉え、少なくとも大卒以上の学歴を得られるような選択を行うと考える。

しかしこれらのモデルは、学歴の階層差（大学に進学するか／しないか）に着目したモデルであり、学習時間の階層差（学習するか／しないか）のメカニズムに直接応用することは難しい。というのも、学歴の場合、自分の学歴が親の学歴を下回ることを「リスク」として設定することが可能であるのに対して、学習時間の場合、子は親の（当時の）学習時間を参照することができず、前述のリスクを設定することができないからである。そこで合理的選択理論の特徴について、原点に立ち返って考えてみよう。

今回は、合理的選択理論のテキストとして定評のあるヤン・エルスターの『社会科学の道具箱――

合理的選択理論入門』(Elster 1989＝一九九七)に依拠して、その特徴について検討していきたい。エルスターによると、人々の行為は次の二つのステップによって決定される。第一に、個人が直面する制約――物理的な制約や経済的、法的、心理的な制約――によって、その行為者の機会集合(＝その人が取ることのできる選択肢)が決定される段階。第二に、その機会集合のもとで、どの行為が実際に実行されるかを決める合理的選択のメカニズムが作動する段階――特定の欲求(選好)のもとで、自分の利益を最大化する選択肢を選ぶ段階――である。要するに、人々の行為は、行えること＝機会(opportunities)と行いたいと思っていること＝欲求(desires)によって説明される(Elster 1989＝一九九七:一四―一五)。第一段階は、「何ができるか(どの選択肢があるか)」というカードが配られる段階、第二段階は、「どれを選ぶか(選びたいか)」という配られたカードから一枚を選ぶ段階をイメージしてもよい。

このように、人々の行為が機会と欲求で決まるというのは、きわめてわかりやすいアイデアではある。しかし当然、それ以外にも行為を規定する重要な要素はある。エルスターが取り上げる三つ目の要素は、信念(belief)である。というのも、ある機会集合(選択肢)が与えられたとき、その中からどの選択肢を選ぶかは、欲求のみならず、信念が重要な働きをするからである。

たとえば、大学に進学するという選択肢が選べるとしても、実際には行かないという選択をする人も少なくない。まず想定されるのは、単に大学に行きたいという欲求がその人になかったという理由である。しかし「大学で学ぶよりも早く社会に出る方が学べることが多い」「大学は単なるモラトリアムの場であり、社会に出て働くことが大切だ」といった考え方、つまり、「大学に進学するよりも重要な選択肢がある」という信念を有していることが、大学進学を選ばない理由になる場合もある。

このような欲求と信念の違いは、人々の合理的選択を解明するうえで、はっきりと区別して分析する必要がある。

2.2 欲求・機会・信念と人々の相互作用

前項で説明した三つの要素、欲求・機会・信念は、ヘッドストロームのDBO理論(Desire-Belief-Opportunity Theory)——個人の行為は欲求、信念、機会のすべてが満たされたときに生じる——にもみられる。[(2)] ヘッドストロームはDBO理論による説明の具体例として、「今日スミスが傘を持ってきたのはなぜか」という問いに、信念、欲求、機会の三つの観点から回答を与えることができると述べる。すなわち、(1)かれは今日雨が降ると思っていた(信念)、(2)彼は雨に濡れたくなかった(欲求)、(3)かれは傘を持っていた(機会)という説明である(Hedström 2005)。

この説明を参考に、「アオイはなぜ勉強するのか」という問いを考えてみよう。それには、(1)彼女は勉強することが大切だと思っている(信念)、(2)彼女は勉強をすることが好きである(欲求)、(3)彼女は勉強するための参考書を持っている(機会)、というように、信念、欲求、機会、の三つのいずれかに着目した説明が可能である。

小林・大林(二〇一六)では信念の役割が強調されているように、行為の基礎として何を強調点として想定するかは各々の経験的研究によって異なる(打越 二〇一六)。ただし本章では、欲求・信念・機会のうち、特定の説明に焦点を絞るのではなく、それぞれの要素を並置して取り上げ、それぞれが学習という行為にどのような影響を与えるかを明らかにしていくという方針をとる。言い換えれば、

「アオイはなぜ勉強するのか／しないのか」という問いに対して、(1)彼女は勉強することが大切だと思っている、(2)彼女は勉強をすることが好きである、(3)彼女は勉強するための参考書を持っている、という説明のうち、どれがより妥当するかを明らかにする。

なお、学習場面の欲求・機会・信念については、学習意欲に着目した研究(苅谷 二〇〇一、伊佐・知念 二〇一四)、学習理解度(後述するように、これは学習機会と関連する)に着目した研究(須藤 二〇一三)、学習レリバンス(学習にどのような意味や意義を感じているか)に着目した研究(本田 二〇〇四)というように、それぞれ単独に取り上げて研究した事例は多い。ただしその三つを区別して、それぞれが学習時間に独立した影響を与えているかを分析した事例は少ない。ゆえに、こうしたアプローチは重要だと考えられる。

このうち、「勉強する機会をもっている」という機会に着目した説明については補足が必要だろう。わが国では教育基本法ですべての子どもが学ぶ権利を保障されていることを考えれば、形式的にはすべての子どもは勉強する機会をもっているといえる。しかし実際には、親の仕事の手伝いをする／しない、きょうだいの世話をする／しない、勉強道具や参考書を持っている／持っていない、学校外学習に参加する／しない、というように、学習に参加する機会には子どもの家庭背景によって差がある。あるいは、外国人、障害者、被差別部落出身者といったマイノリティは、学校教育から様々な側面で排除を経験しやすい(志水ほか 二〇一四)。

このように勉強の「機会」については多様な観点から考えることができるが、本章では、学習理解度の違いによる機会の差に注目したい。子どもが勉強したいという欲求をもっており、勉強することは大切だという信念を有していたとしても、それまでに習った学習内容を十分に理解できていなければ、実質的に勉強する機会が確保されているとはいいがたい。授業中に居眠りをしてしまう子どもがいたとして、その理由を「勉強したくない」「勉強なんて大切ではない」といった欲求や信念に基づいて説明することも考えられるが、単に授業が分からないから参加できないという可能性も高い。そこで今回は、機会に着目した説明については、勉強が分かるかどうかという学習理解度の程度によって判別するというアプローチを採用したい(3)。

最後に、欲求・機会・信念の三要素に加えてもう一点考慮すべき変数を取り上げたい。人間の行為は、その行為者一人の内部で完結するのではなく、行為が生まれる背後には、人々の相互作用が影響してくるはずである(4)。

具体的にいえば、学習という行為について考えたとき、仲の良いクラスメイトの学力状況やそのクラスメイトとの関わり方、親が勉強を見てくれているかどうか、教師がどのようなスタイルで勉強を教えてくれるかといったような側面がかかわってくると考えられる。周りの友だちが勉強熱心であれば、感化されて勉強に励むだろうし、周りの友だちが反学校的な価値観を有しているのであれば、一緒に学校をさぼるということも起こりうるだろう。

どのような相互作用に着目するかについては、多様なアプローチがありうるが、今回は教師からの承認について取り上げたい。すなわち、子どもが教師から認めてもらえていると感じられることが、学習という行為に良い影響を与えるという仮説を検討したい。教師からの承認を取り上げるのは、人々の相互作用にまつわる変数について、今回の分析で用いるデータで使用可能なものが承認に関する項目であるという調査設計上の理由もあるが、教育現場において、特にひとり親家庭や貧困層の子どもといった社会経済的に不利な立場にある子どもを支援する際に、承認（あるいはケア）の重要性が指摘されていることを鑑みれば（志田 二〇一五、柏木 二〇二〇）、承認と学習の関係を検討することは有意義だと思われる。計量分析においても、教師からの承認は子どもの学力にポジティブな影響を与えているという指摘もなされており（岡部 二〇二一）、承認と学習時間の関係に着目することは有益であると考えられる。

2.3 学習に向かう四要素と子どもの環境差

以上の議論をふまえたうえで、学習時間の規定要因について、欲求・機会・信念・承認の四つの観点（変数）から分析を進めていく。その際、子どもの社会経済的背景によって規定要因が異なり得ることを念頭に分析していく。変数間の関係を子どもの社会経済的背景ごとに分けて把握していくという試みは、社会学的テーマを扱う際に有効な分析視角である。なぜなら、自尊感情と学習時間の関係を階層別に分析した苅谷（二〇〇一）、授業方法や学習方略の違いが学力に与える影響を階層別に分析した須藤（二〇一三）のように、子どもの出身階層を同時に検討することで、個人の意思・選択といった問題を社会的不平等の問題として考察することが可能となるからである。

本章で取り組む問い＝リサーチクエスチョンは、次のようにまとめることができる。すなわち、欲求・機会・信念・承認、それぞれの要素が学習時間にどのように／どの程度影響を与えるのか。その影響は子どもの社会経済的背景によってどのように異なるのか。

このリサーチクエスチョンの意義は、子どもの学習を促すために、学校の教員はどのような働きかけをすることが有効かという実践的示唆を得られるという点にある。たとえば、欲求（勉強が好き／嫌い）や機会（勉強が分かる／分からない）よりも信念（勉強が大事だと思う／思わない）が学習時間への影響が強いとすれば、「どのようにすれば勉強することの意義を児童に伝えられるか」という視点の重要性が浮かび上がってくる。あるいは、学習時間の規定要因が児童の家庭の社会経済的地位によって異なるとすれば、学習を促すための有効な取り組みも、児童の家庭背景によって異なってくるだろう。

本章の冒頭で述べた通り、学習時間の階層差に着目した研究蓄積はあるものの、多くの先行研究が着目しているのは学習時間に対する家庭背景の影響である。学習時間には家庭背景が大きくかかわっているというのは間違いないが、それを指摘するのみでは、どのような授業実践や指導をすればよいのかという、学校教育にかかわる示唆は得られにくい。学習時間の問題を「学習する／しない」の行為・選択の問題と捉え、その行為・選択が決定されるメカニズムに着目することで、学校は何ができるのか／何ができないのかという問いへの手がかりを見出したい。

3　分析方法——計測できない影響をどう見積もるか

それではどのようにして、学習時間の規定要因を検討することができるだろうか。最もシンプルなのは、欲求・機会・信念・承認をそれぞれ独立変数、学習時間を従属変数とする重回帰分析を行い、得られた回帰係数を読み取るという方法である。それによってそれぞれの要素が学習時間にどのような影響を与えるかを調べることができる。しかしここでの問題関心が「欲求・機会・信念・承認のうち、どの要素に働きかけることが子どもたちの学習を促すのに有効だろうか」といった実践的なものを含むのであれば、通常の回帰分析で求めた結果をもとに、そのような問いを検証するのは適切ではない。

なぜなら、回帰分析の結果、たとえば学習時間に対して信念（勉強が大事だと思っているかどうか）が有意な効果を示すとしても、その結果は、「勉強が大事だと思うようになれば、学習時間も伸びる」ということを意味するわけではないからである。回帰分析の結果が意味するのは、「勉強が大事だと思う人は、勉強が大事だと思っていない人に比べて、学習時間が長い傾向にある」ということに過ぎない。ここに潜むのは、通常の回帰分析によって得られた回帰係数から読み取れる影響には、「観察できない異質性」の影響によるバイアスが生じるという問題である。

観察できない異質性とは、中澤（二〇一二）の説明を借りれば、次のように説明できる。

説明変数には、本来考慮されるべきだがそれを示す変数がない（変数の欠落）といった都合で投入できないとか、そもそも変数化が困難だと思われるような要素がある。特に後者については、仮にAという人物がいたときに、AがAという人物だとしか言いようのない一種の個性、性格、能力のような曖昧で数値化しにくいものを想像すればよい。これが観察されない異質性（unobserved heterogeneity）とよばれるものである（中澤 二〇一二：二八）。

本章では小学生の児童を対象に分析を行っていくわけであるが、現実的には、かれらひとりひとりは異なる存在であり、AさんとBさんの個性、性格、能力は、実際には異なる。しかしそのような抽象的な特性を、アンケート調査を通して測定することはきわめて難しい。これが観察されない異質性とよばれるものである。

問題なのは、この観察できない異質性の影響を無視したうえで回帰分析を実施すると、正しい推定結果が得られないという点である。この問題を解決するためには、パネルデータ分析の手法である固定効果モデルを用いるのが有効である。その詳細については、アリソン（Allison 2009）や中澤（二〇一二）に詳しいが、固定効果モデルは、個人間の変動ではなく、個人内の変動（同一人物におけるある時点と別の時点の比較）をもとに変数間の関係を分析するため、観察されない異質性の影響をコントロールできるという点を押さえておきたい。その結果、「それぞれの個人内において、勉強が大事だと思っていないときよりも、勉強が大事だと思っているときの方が、学習時間が有意に長い」といったような解釈が可能となる。

以上をまとめると、学習時間に対する欲求・機会・信念・承認、それぞれの影響を明らかにするためには、固定効果モデルを使う方がより適切な方法であるといえる。ただし、固定効果モデルを用いることで、「勉強が大事だと思うようになれば、学習時間も伸びる」というように、厳密な因果関係の主張が可能となるわけではない。なぜなら固定効果モデルは、時点間で変化しない変数の影響はコントロールできる一方で、時点間で変化する変数の影響はコントロールできないからである。あるいは、学習時間が勉強に対する信念に影響するというように、逆方向の因果関係が存在する場合には、回帰係数の推定値にはバイアスが生じてしまう。要するに、「勉強が大事だと思うようになれば、学習時間も伸びる」という厳密な因果推論を行うためには、固定効果モデルでは限界がある。

とはいえ、固定効果モデルによって観察できない異質性をコントロールできるというのはきわめて大きな利点である。子どもたちの学習を促すためにどのような要素に働きかけることが有効かという問いを検討していくための第一歩として、固定効果モデルの限界を意識しつつ、学習時間の規定要因を探っていく作業は重要であろう。

4　分析に用いるデータと変数

分析に用いるのは、いろは市における学力・学習状況調査と全国学力・学習状況調査のデータである。いろは市の調査は同一対象を経年で追跡するパネルデータの設計になっており、固定効果モデルを用いた分析を行うことが可能となる。小四〈Wave 1〉、小五〈Wave 2〉、小六〈Wave 3〉の三学年（三時点）のデータが分析対象である。

続けて、本章で使用する変数について説明する。なお学習時間の変数が教科を指定していないのに対して、欲求、機会、信念は算数の教科に対するものを変数に用いている。[5] 変数の記述統計は、表4－1に示す。

1）**学習時間**：「学校の授業時間以外に、普段（月曜日から金曜日）、一日当たりどのくらいの時間、勉強をしますか（学習塾で勉強している時間や家庭教師の先生に教わっている時間も含みます）」の項目をも

表4-1　記述統計

	小4〈Wave 1〉			小5〈Wave 2〉			小6〈Wave 3〉		
	平均	標準偏差	N	平均	標準偏差	N	平均	標準偏差	N
学習時間	81.3	46.4	11,330	88.2	45.7	11,896	102.0	60.5	12,372
欲求	3.17	1.03	11,308	3.01	1.07	11,873	2.83	1.05	12,369
機会	3.34	0.86	11,325	3.27	0.88	11,891	3.16	0.83	12,379
信念	3.64	0.70	11,885	3.64	0.70	12,374	3.60	0.69	11,327
承認	3.18	0.91	11,327	3.20	0.87	11,896	3.23	0.77	12,375
低SES	0.333	0.47	3,999						
中SES	0.320	0.47	3,999						
高SES	0.347	0.48	3,999						

とに作成する。小四と小五については、次の四つの選択肢をもとに、「二時間以上＝150」、「一時間以上、二時間より少ない＝90」、「一時間より少ない＝30」、「全くしない＝0」としたうえで、連続変数として扱う。小六については、次の六つの選択肢をもとに、「三時間以上＝210」、「二時間以上、三時間より少ない＝150」、「一時間以上、二時間より少ない＝90」、「三〇分以上、一時間より少ない＝45」、「三〇分より少ない＝15」、「全くしない＝0」としたうえで、連続変数として扱う。

2）**欲求**：「算数の勉強は好きだ」の項目をもとに、「当てはまる＝4」、「どちらかといえば、当てはまる＝3」、「どちらかといえば、当てはまらない＝2」、「当てはまらない＝1」としたうえで、連続変数として扱う。この得点が高い児童ほど、「学習したい」という欲求が高いと判断する。

3）**機会**：「算数の授業の内容はよく分かる」の項目をもとに、「当てはまる＝4」、「どちらかといえば、当てはまる＝3」、「どちらかといえば、当てはまらない＝2」、「当てはまらない＝1」としたうえで、連続変数として扱う。これは算数の学習理解度を尋ねる項目であるが、第2節2項で説明したように、「それまでに習った学習内容を十分に理解できていなければ、実質的に勉強する機会が確保されているとはいいがたい」という考えから、学習理解度の項目を機会に関する変数として位置づける。

4）**信念**：「算数の勉強は大切だ」の項目をもとに、「当てはまる＝4」、「どちらかといえば、当てはまる＝3」、「どちらかといえば、当てはまらない＝2」、「当てはまらない＝1」としたうえで、連続変数として扱う。この得点が高い児童ほど、「学習することは大切だ」という信念を強くもっていると判断する。

5）**承認**：「先生は、あなたのよいところを認めてくれていると思う」の項目をもとに、「当てはまる＝4」、「どちらかといえば、当てはまる＝3」、「どちらかといえば、当てはまらない＝2」、「当てはまらない＝1」としたうえで、連続変数として扱う。この得点が高い児童ほど、その児童は教員からの承認を得られていると判断する。

6）**社会経済的地位**（**SES**）：社会経済的地位（SES：Socioeconomic Status）の指標として、ここでは全国学力・学習状況調査の学力分析の際に用いられた社会経済的背景指標を採用する。小四時点の保護者調査から得られた「父親学歴」「母親学歴」「世帯収入」を合成し（垂見 二〇一四）、得点化したものを三分割（「低SES」「中SES」「高SES」）し、これを社会経済的地位の指標とする。(6)

本節の最後に、本章で用いる変数の階層差が、学年段階があがるにつれてどのように変化するかについて確認する。その結果を示したものが図4－1である。まず学習時間についてみると、学習時間の階層差は小四の時点ですでにみられ、小五から小六にかけて拡大していることが分かる。また欲求

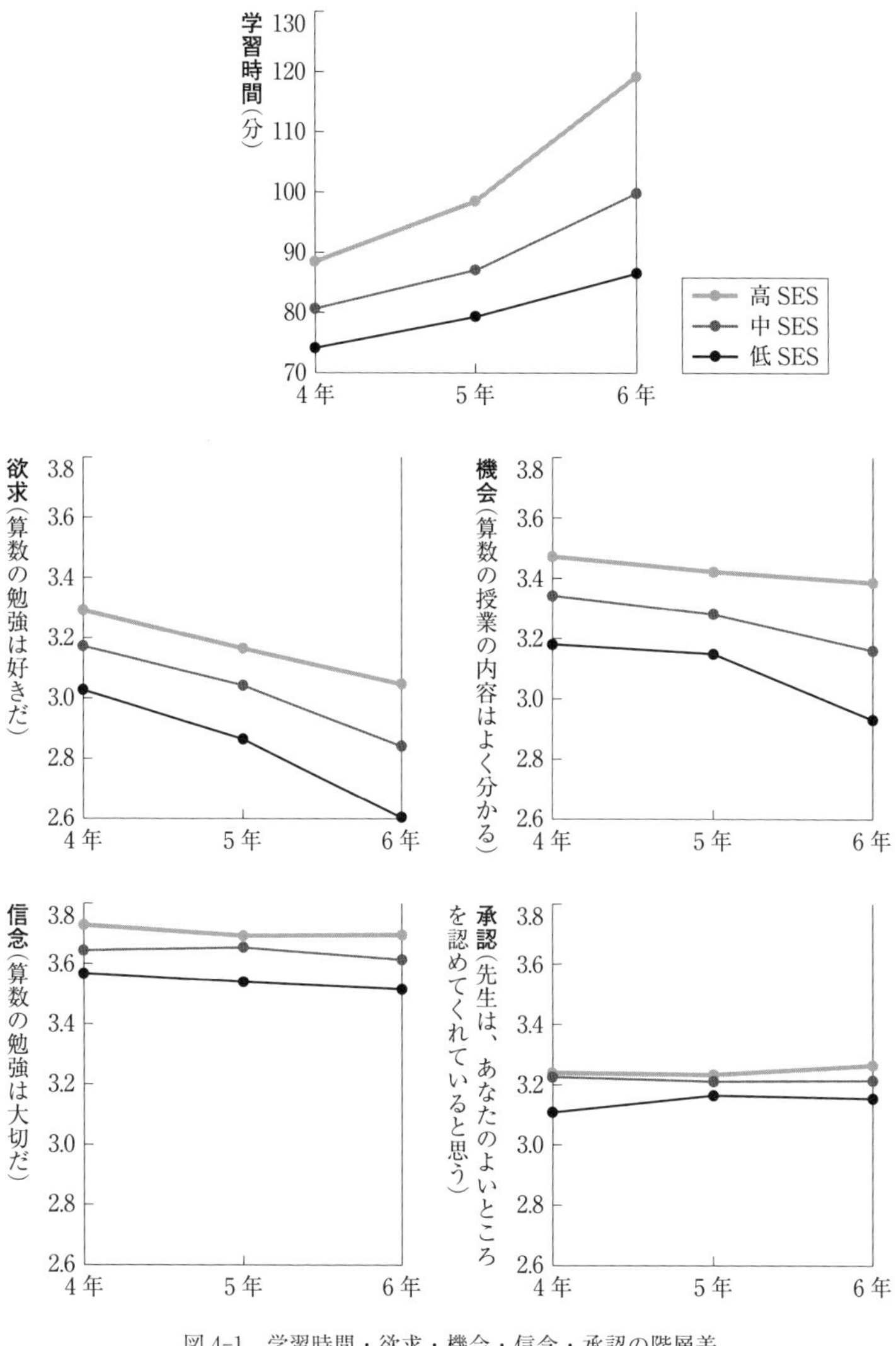

図 4-1　学習時間・欲求・機会・信念・承認の階層差

（算数の勉強は好きだ）、機会（算数の授業の内容はよく分かる）、信念（算数の勉強は大切だ）についても階層差が存在することがわかる。一方、承認（先生は、あなたのよいところを認めてくれていると思う）については、それほど大きな差がみられない。ただし、低SES層は、小五の学年を除いて、中SES層、高SES層に比べて教師に認められていると感じていない児童の割合が高いことは注目される。

5　分析結果——階層による四要素の影響差

まず「欲求・機会・信念・承認は学習時間にそれぞれどのような影響を与えるか」について検討する。分析結果を表4－2に示す。固定効果モデルの結果にくわえて、通常の回帰分析との違いを示すため、プーリングデータに対する最小二乗法による推定結果（プールド回帰モデル）もあわせて示している。

まずプールド回帰モデルの結果からみていく。それぞれの係数について値が大きい順に、機会六・五六、欲求四・六九、信念四・〇八、承認二・六一となっており、すべての係数において〇・一％水準で有意な結果となっている。この回帰係数は、それぞれの独立変数（欲求・機会・信念・承認）が一単位増えたときに、従属変数（学習時間）の値が何単位増えるかを意味している。たとえば欲求の四・六九という数値は、「算数の勉強は好きだ」の項目をもとにして作成した得点（「当てはまる＝4」、「どちらかといえば、当てはまる＝3」、「どちらかといえば、当てはまらない＝2」、「当てはまらない＝1」）が一単位上がるごとに、一週間あたりの家庭での学習時間が四・六九分増えるということを意味する。

ただしこの分析結果をもとに、欲求の得点が上がれば（つまり、算数の勉強が好きだと感じられるようになれば）、学習時間が伸びると解釈するのは適切ではない。なぜなら、プールド回帰モデルによって得られた回帰係数の結果は、個人間の変動に着目したものであり、観察できない異質性によるバイアスを含んでいる可能性があるからである。そのため正確にいえば、「算数の勉強は好きだ」に対する回答が「当てはまる」の児童と「どちらかといえば、当てはまる」の児童では、学習時間に四・六九分の開きがあると解釈するにとどめておくのがよい。

しかしながら、このような解釈にとどまるのであれば、「勉強が好きになることで学習時間が増えるか」といった本章の問題関心に十分な回答を与えることができない。そこで、個人内の変動に着目し、観察できない異質性の影響をコントロールしたうえでの影響を推計する、固定効果モデルを用いた分析を行う。

表 4-2　プールド回帰モデルと固定効果モデル

	プールド回帰		固定効果	
	Coef.	s.e.	Coef.	s.e.
欲求	4.69***	0.34	3.04***	0.41
機会	6.56***	0.41	3.64***	0.46
信念	4.08***	0.44	2.54***	0.49
承認	2.61***	0.32	0.90*	0.38
学年ダミー（ref. 小４）				
小５	7.94***	0.66	7.72***	0.53
小６	23.45***	0.66	22.78***	0.55
（定数）	21.45***	1.68	47.34***	2.14
R-squares（Between/Within）			0.076/0.080	
R-squares（Overall）	0.079		0.073	
人数/観察数	12,678/35,430		12,678/35,430	

***$p<0.001$,　**$p<0.01$,　*$p<0.05$,　†$p<0.1$

固定効果モデルによる係数について、値が大きい順にみていくと、機会三・六四、欲求三・〇四、信念二・五四、承認〇・九〇となっている。プールド回帰モデルの係数と比較したとき、その値はすべての係数について大きく減少している。このように減少した理由は、プールド回帰モデルにおける欲求・機会・信念・承認と学習時間の間には、ＩＱ・知能や性格・気質といった観察できない異質性による影響が含まれており、その結果、モデルに投入した独立変数の影響力を過大評価していた可能性を示唆している。しかしながら、観察できない異質性を統制したうえでも、欲求・機会・信念・承認いずれの変数も学習時間に対して統計的に有意な影響を与えているという結果は注目に値する。一例を示せば、欲求の三・〇四という数値は、同一個人において、「どちらかといえば、当てはまる」と答えたときよりも、「当てはまる」と答えたときの方が（つまり、欲求の得点が一単位高い場合は）、三・〇四分学習時間が長いというようになる。

続いて、「欲求・機会・信念・承認が学習時間に与える影響に階層差はあるのか」を検討していく。この問いを検討するため、固定効果モデルによる分析を児童のSES別に行う。分析結果を表4-3に示す。表をみると、欲求・機会・信念・承認が学習時間に与える影響は、SESによって異なる様子がうかがえる。

まず中SES層に着目すると、係数の値に多少の違いはあるものの、統計的に有意かどうかについては、全サンプルに対する固定効果モデルの結果（表4-2）のものとほとんど同じである。違いは承認の変数である。中SES層に限定した分析では、教師からの承認による効果はほとんどゼロに近く（〇・〇四）、係数の検定結果を見ても、中SES層で教師からの承認は学習時間に影響しないと捉えてよいだろう。

続いて低SES層の結果に目を向けよう。中SES層の結果と対比して、興味深いと思われるのは、承認の効果が有意となっていること、欲求の効果が有意となっていないことの二点である。承認の係数の値は二・七四（五%水準で有意）であり、投入した独立変数のうち、最も大きな値を示している。す

表 4-3　固定効果モデル（SES ごと）

	固定効果（低 SES）		固定効果（中 SES）		固定効果（高 SES）	
	Coef.	s.e.	Coef.	s.e.	Coef.	s.e.
欲求	0.88	1.23	2.42^{*}	1.17	3.74^{**}	1.27
機会	$2.29^{\dagger}$	1.34	3.49^{**}	1.33	3.79^{**}	1.41
信念	2.72^{*}	1.37	3.66^{*}	1.43	2.48	1.59
承認	2.74^{*}	1.12	0.04	1.12	−1.12	1.06
学年ダミー（ref. 小 4）						
小 5	5.11^{**}	1.61	6.93^{***}	1.53	10.93^{***}	1.47
小 6	13.34^{***}	1.67	20.53^{***}	1.57	32.23^{***}	1.49
（定数）	46.01^{***}	5.82	47.85^{***}	6.31	57.39^{***}	6.77
R-squares（Between/Within）	0.054/0.032		0.058/0.073		0.094/0.155	
R-squares（Overall）	0.039		0.059		0.105	
人数/観察数	1,330/3,919		1,280/3,786		1,389/4,112	

$^{***}p<0.001$，$^{**}p<0.01$，$^{*}p<0.05$，$^{\dagger}p<0.1$

なわち低ＳＥＳ層では、教師から承認を得られることが学習時間の伸びにつながりうることを示唆している。他方で欲求の係数が示すのは、勉強が好きになることが学習時間の伸びにつながらないという意外な結果である。

最後に高ＳＥＳ層の結果をみていく。中ＳＥＳ層の結果と見比べてみると、信念の効果が有意となっていないことが注目される。係数の値は二・四八となっており、そのほかの係数と見比べて特段低い値を示しているわけではないが、標準誤差が大きいため統計的には有意な値となっていない。高ＳＥＳ層に限っては、「勉強することは大事だ」という信念が学習時間の伸びにつながるかどうかについては、慎重に判断する必要がある。一方で、欲求（勉強が好きかどうか）や機会（勉強が分かるかどうか）は、それぞれ三・七四、三・七九という値を示しており、こちらは一％水準で有意となっている。この結果から、高ＳＥＳ層において、欲求や機会は学習時間に影響していると捉えてよいだろう。

6 何が学習時間を伸ばすのか——階層による要素の違い

本章では、合理的選択の三つの要素——欲求・機会・信念——と、その背後にある社会的相互作用——承認——に着目して、「勉強が好きかどうか」、「勉強が分かるかどうか」、「勉強を大切だと思うかどうか」、「先生から認めてもらっていると感じているかどうか」という変数がそれぞれ、学習という行為を促進するかという問いを検討した。その際、子どもの家庭のSES別に分析を行った。固定効果モデルによる実証分析の結果、欲求・機会・信念・承認はそれぞれ独立して学習時間に影響を与えることが明らかとなった。

なかでも機会と欲求、すなわち、勉強が分かると感じられること、勉強が楽しいと感じられることが学習という行為を促進するうえで重要であることがみえてきた。もっとも、勉強が好きだと感じること(欲求)、勉強が分かると感じ、授業についていけるようになること(機会)が学習時間の増加につながるということは、ある意味当然の結果ともいえる。

ただし、固定効果モデルを用いてそのような結果が得られたという点は重要である。なぜなら勉強が好きな人や勉強が分かる人が実際に勉強をしているという個人間に関する主張ではなく、勉強が好きになること、あるいは勉強が分かるようになることが、学習時間の増加につながるという同一個人内に関する主張を導くことが可能となるからである。学習時間の確保を促すためには、子どもの学習への意欲を駆り立てる工夫をすること、あるいは、子どもの学習理解度に目を向けたうえで、「勉強したいけどやり方が分からない、問題の意味が分からない」といった状況をなくすことが必要であるといった点が改めて実証された。

ただし、その効果には階層差がみられることも押さえておく必要がある。実際、中・高ＳＥＳ層では、欲求や機会が学習時間に与える影響は、統計的に有意となっているのに対して、低ＳＥＳ層では、五％水準で有意といえる影響はみられないし、係数の値も中・高ＳＥＳ層に比べて小さい値となっている。このことは、社会経済的背景の面で不利な立場にある子どもに対しては、勉強を好きだと思うこと、勉強が分かると感じられることのみでは、必ずしも学習時間の確保につながらない可能性を示唆している。

楽しい授業や分かる授業を提供することは学力向上に向けて重要ではあるが、楽しさや分かることのみに注意を向けていては、学力格差は拡大してしまう可能性がある。なぜなら、社会経済的背景の面で有利な子どもは、勉強が好きだと思うこと、勉強が分かることが学習時間の確保に結び付きやすいのに対して、社会経済的背景の面で不利な子どもは、それらのことが学習時間の確保に結び付きにくいからである。言い換えれば、低ＳＥＳ層では、「勉強は楽しいと感じていても、あるいは、勉強は分かると感じていても、実際の学習時間は短い」ということが往々にして起こり得るということである。

以上をふまえれば、低ＳＥＳ層においては、欲求や機会以外の側面に目を向けていくことが重要となってくる。実際、低ＳＥＳ層では、勉強が好きなこと、勉強が分かることよりも、勉強が大事だと思うこと、あるいは、教師から承認されていると感じることの方が学習時間に強い影響を与えることが分析結果で示された。特に、教師から承認されていることが学習時間にポジティブな影響を与えるというのは、中・高ＳＥＳ層にはみられない、低ＳＥＳ層にのみみられる現象であることがわかった。

もちろん、子どもの家庭背景にかかわらず、教師からの承認はすべての子どもたちにとって重要である。ここで主張したいのは、家庭背景的に不利な立場にある子どもは、教師から承認を得られることが、学習時間を確保することにつながる可能性があるという点である。言い換えれば、家庭背景的に不利な立場にある子どもは、教師からの承認が得られなければ、学習に向かう気持ちが生まれてきにくいということである。そうであるならば、低ＳＥＳ層においては特に、仮に勉強が苦手だったとしても、かれらのよいところや持ち味に目を向けていくことが重要である。

以上をまとめれば、学習時間の格差を検討するうえで、次のような実践的示唆を導くことができる。まず全体的な傾向として、勉強を好きになること、勉強が分かるようになることは、学習時間の確保を促すために重要な要素である。ただし社会経済的背景の面で不利な立場の子どもは、勉強が好きになる、分かるようになるという変化が、必ずしも学習時間の増加に結び付くとは限らない。学習時間の格差を縮小するという観点からいえば、信念と承認の二つがより重要である。つまり、勉強がなぜ大切なのかを子どもたちに伝えること、子どもたちのよいところに目を向けてそれを認めることが大切である。

最後に本章の課題について述べる。今回の分析では、欲求・機会・信念・承認が学習時間にどのような影響を与えるかを検討した。その際、「勉強が好きであること」＝「欲求」、「勉強が分かること」＝「機会」、「勉強が大切だと思うこと」＝「信念」と読み替えて、分析を行った。しかし、このように設定した欲求・機会・信念の三要素は重なり合う部分があるはずであり、それぞれの項目をはっきり区別して変数にするのが望ましい。そのためには、欲求・機会・信念の三要素に関して、それぞれの変数に対して複数の質問項目を設けたうえで、因子分析を用いて変数を作成するのがよい。また「算数が好きだ」「算数が分かる」というように、教科を算数に限定している点も課題である。国語をはじめ、他の教科では学習時間にどのような要素が影響を与えるかを検討していくことも必要だろう。機会については、きょうだいの世話や親の仕事の手伝いなどで勉強時間が確保できない子どもに着目するといった観点から、「機会」の変数を設定することもできるだろう。以上のように、独立変数をどのように操作化するかについては、多くの課題があることを指摘しておきたい。

注

(1)　もちろん、不遇な環境においても個人の努力で這い上がり、教育的成功をおさめる人々は少なからず存在するだろう。そうした人は賞賛されるべきかもしれない。しかしその少数事例をもとに、「不利な環境を克服できた人もいるのだから、環境を言い訳にしてはならない」と主張するのは、公正の観点からして間違っている。教育的成功をおさめることができる可能性＝チャンスがゼロではないとしても、そのチャンスがその個人の責任に問えない環境要因によって低められてしまうこと自体が問題だからである。

(2)　ヘッドストロームは、DBO理論をその特徴のひとつとする「分析社会学」という一連の社会学研究プログラムを提唱している。合理的選択理論と分析社会学は、重なり合うところがありつつも、ヘッドストローム自身は、両者は明確に異なると主張している。その違いについては、尾藤(二〇一九)や打越(二〇一六)に詳しい。なおヘッドストロームの分析社会学は、多変量解析を通して変数間の統計的関連を明らかにする統計的説明を批判し、メカニズム的説明というアプローチを提示している。その意味で、本章は分析社会学のアプローチに属するものではなく、あくまで分析枠組みの設定にそれを援用しているに過ぎない。

（3） もっとも、機会については、きょうだいの面倒を見たり、親の手伝いをしたりといった「勉強時間を確保できるかどうか」といった観点から指標化することも考えられる。ただし今回の調査ではそのような項目を尋ねられていないため、「機会」という変数をどのように設定するかについては今後の課題としたい。

（4） 実際、合理的選択理論においては、社会的相互作用（Elster 1989＝一九九七）がキーワードとしてあげられているし、合理的選択理論と密接な関係にある分析社会学においても、行為の三つの要素（欲求・機会・信念）に加えて、人々の相互作用が重視されている（Hedström 2005）。

（5） 厳密にいえば、教科を指定するか否かについては、どちらかにそろえて変数を設定するべきであるが、本調査の質問項目からはそのような変数が得られないため、この点については今後の課題としたい。国語に関する項目もあるが、それは二時点しかデータが得られていないため、今回は、三時点のデータが得られている算数の教科に限定して分析を進めていく。

（6） 家庭の所得は、各回答項目の中間値を用い、父親学歴と母親学歴は教育年数として用いることによって連続変数として扱う。そしてそれぞれの変数を標準化したうえで、三つの変数の平均値を算出し、これを出身階層の指標として扱う。

参考文献

Allison, P. D., 2009, *Fixed Effects Regression Models*, SAGE Publications.

荒牧草平、二〇一〇、「教育の階級差生成メカニズムに関する研究の検討——相対的リスク回避仮説に注目して」『群馬大学教育学部紀要 人文・社会科学編』五九、一六七—一八〇頁。

Bernardi, F., 2014, "Compensatory Advantage as a Mechanism of Educational Inequality: A Regression Discontinuity Based on Month of Birth," *Sociology of Education*, 87(2), 74-88.

尾藤央延、二〇一九、「分析社会学と合理的選択理論の関係性についての批判的検討——選好と信念形成メカニズムの解明という共通問題」『年報人間科学』四〇、五三—七二頁。

Boudon, R., 1973, *L'Inégalité des Chances: La mobilité sociale dans les sociétés industrielles*, Librairie Armand Colin (＝一九八三、杉本一郎・山本剛郎・草壁八郎訳『機会の不平等——産業社会における教育と社会移動』新曜社).

Breen, R. and Goldthorpe, J. H., 1997, "Explaining Educational Differentials: Towards a Formal Rational Action Theory," *Rationality and Society*, 9(3), 275-305.

Elster, J., 1989, *The Nuts and Bolts for the Social Sciences*, Cambridge University Press (＝一九九七、海野道郎訳『社会科学の道具箱——合理的選択理論入門』ハーベスト社).

藤原翔、二〇一一、「Breen and Goldthorpe の相対的リスク回避仮説の検証——父親の子どもに対する職業・教育期待を用いた計量分析」『社会学評論』六二(一)、一八—三五頁。

Hedström, P., 2005, *Dissecting the Social: On the Principles of Analytical Sociology*, Cambridge University Press.

本田由紀、二〇〇四、「学ぶことの意味——「学習レリバンス」構造のジェンダー差異」苅谷剛彦・志水宏吉編『学力の社会学——調査が示す学力の変化と学習の課題』岩波書店。

伊佐夏実・知念渉、二〇一四、「理系科目における学力と意欲のジェンダー差」『日本労働研究雑誌』六四八、八四—九三頁。

金子真理子、二〇〇四、「学力の規定要因——家庭背景と個人の努力は、どう影響するか」苅谷剛彦・志水宏吉編『学力の社会学――調査が示す学力の変化と学習の課題』岩波書店。

苅谷剛彦、二〇〇〇、「学習時間の研究――努力の不平等とメリトクラシー」『教育社会学研究』六六、二一三―二三〇頁。

苅谷剛彦、二〇〇一、『階層化日本と教育危機――不平等再生産から意欲格差社会へ』有信堂高文社。

柏木智子、二〇二〇、『子どもの貧困と「ケアする学校」づくり――カリキュラム・学習環境・地域との連携から考える』明石書店。

数実浩佑、二〇一九、「学業成績の低下が学習時間の変化に与える影響とその階層差――変化の方向と非変化時の状態を区別したパネルデータ分析を用いて」『理論と方法』三四(二)、二二〇―二三四頁。

吉川徹、二〇〇六、『学歴と格差・不平等――成熟する日本型学歴社会』東京大学出版会。

小林盾、二〇一七、「合理的選択理論の基礎と応用――実証研究に人的資本、社会関係資本(ソーシャル・キャピタル)、文化資本をどう応用できるか」『理論と方法』三二(一)、一六三―一七六頁。

小林盾・大林真也、二〇一六、「分析社会学の応用――文化活動はオムニボア(雑食)かユニボア(偏食)か」『理論と方法』三一(二)、三〇四―三一七頁。

近藤博之・古田和久、二〇〇九、「教育達成の社会経済的格差――趨勢とメカニズムの分析」『社会学評論』五九(四)、六八二―六九八頁。

松岡亮二、二〇一九、『教育格差――階層・地域・学歴』ちくま新書。

Matsuoka, R., Nakamuro, M., & Inui, T., 2015, "Emerging Inequality in Effort: A Longitudinal Investigation of Parental Involvement and Early Elementary School-aged Children's Learning Time in Japan," *Social Science Research*, 54, 159-176.

盛山和夫、一九九七、「合理的選択理論」井上俊ほか編『岩波講座 現代社会学 別巻――現代社会学の理論と方法』岩波書店、一三七―一五六頁。

中西啓喜、二〇一五、「パネルデータを用いた学力格差の変化についての研究」『教育学研究』八二、五八三―五九三頁。

中澤渉、二〇一二、「なぜパネル・データを分析するのが必要なのか――パネル・データ分析の特性の紹介」『理論と方法』二七（一）、二三―四〇頁。

岡部悟志、二〇二一、「教師からの承認・分かるまで教える指導が学力に与える影響」耳塚寛明・浜野隆・冨士原紀絵編『学力格差への処方箋――［分析］全国学力・学習状況調査』勁草書房。

志田未来、二〇一五、「子どもが語るひとり親家庭――「承認」をめぐる語りに着目して」『教育社会学研究』九六、三〇三―三二三頁。

志水宏吉・高田一宏・堀家由妃代・山本晃輔、二〇一四、「マイノリティと教育」『教育社会学研究』九五、一三三―一七〇頁。

須藤康介、二〇一三、『学校の教育効果と階層――中学生の理数系学力の計量分析』東洋館出版社。

太郎丸博、二〇〇七、「大学進学率の階級間格差に関する合理的選択理論の検討――相対的リスク回避仮説の一九九五年SSM調査データによる分析」『大阪大学大学院人間科学研究科紀要』三三、二〇一―二一二頁。

垂見裕子、二〇一四、「家庭の社会経済的背景（SES）の尺度構成」耳塚寛明ほか『平成二五年度全国学力・学習状況調査（きめ細かい調査）の結果を活用した学力に影響を与える要因分析に関する調査研究』国立大学法人お茶の水女子大学、一三―一五頁。

打越文弥、二〇一六、「分析社会学の理論構造――社会学における理論と経験的研究の統合のために」『理論と方法』三一（二）、二九三―三〇三頁。

第5章　小学生のグリット(やり抜く力)格差の推移

垂見裕子

1　なぜグリットに着目するのか

近年、教育界で学力テストなどでは測ることのできない、非認知能力への注目が高まっている。非認知能力は、「ソフトスキル」とも呼ばれ、自己効力感、忍耐力、共感性などといった能力や気質を指す(OECD 2015)。本章では非認知能力の一つであるグリット(やり抜く力)に着目する。グリットは、心理学者ダックワースらが開発した尺度で、「長期的な目標に向けた粘り強さと情熱」と定義され、目標に向けて根気強く努力し、興味を一貫して持ち続けられるかを測定する(Duckworth et al. 2007)。

グリットは将来の成功を予測できる気質として注目され、これまで学業達成(Lam & Zhou 2019)、精神のウェルビーイング(Kannangara et al. 2018)、仕事における達成など将来の成功(Duckworth 2016)を規定する重要な要因であることが示されている。例えば、ラム&チョウ(2019)は、グリットと学業達成に関する四四の研究結果を分析、統合した結果、グリットと学業達成には中程度の関連が見られること、カナンガラーら(Kannangara et al. 2018)は、大学生を対象にアンケート調査とインタビュー調査を行った結果、グリットスコアが高い学生は自制心やレジリエンスが高く、成長志向や肯定的な考え方をする傾向があることを明らかにしている。また日本でも注目された『やり抜く力』(Duckworth 2016＝二〇一六)は、米国陸軍士官学校に通う士官候補生の中で、厳しい訓練を辞めずに卒業できる人は、脱落した人に比べて、学力や運動能力に有意な差はないが、グリットが高いことを示している。加えて、より一般的な営業職でも同様の知見を得て、様々な分野において、同じ条件や特徴の人々を比較した場合は、グリットが高い人の方が成功する確率が高いと論じている。

グリットは日本では「やり抜く力」と訳され、グリット尺度の日本語版が作成され、その因子構造や妥当性が確認されている(西川ほか 二〇一五)。教育社会学の分野では、生まれや身分ではなく、個人の業績により地位が決定される社会を現わす「メリトクラシー」という概念が、長く研究テーマとされてきた。「メリット」は本来、能力と努力から構成されるが、苅谷(二〇〇〇)は日本でメリトクラシーが議論される際には「努力」の比重が大きいことを指摘している。一般社会でも、一生懸命努力すれば、成績が上がる、試験に受かるという信念が強く、そのような励ましをかけられたり、自分に言い聞かせてきた読者も多いのではないだろうか。このような日本の文脈を考えると、どれだけ根気強く努力し、一貫した興味を持ち続ける力を持っているかを測るグリットに着目する意義は大きい。日本においてグリットに関する研究は多くないが、これまでグリットが成績(清水 二〇一八)や、学級適応(藤原・河村 二〇一九)と関連があることが実証されている一方、出身家庭の社会経済的地位によってグリットに格差がある(松岡 二〇一七)ことも指摘されている。

これまでのグリットに関する研究を踏まえて、本章では特に下記の二点に着目する。

第一に、非認知能力は特に幼少期において伸ばしやすいことが指摘されているものの(Heckman

2006)、これまでのグリットに関する研究は成人期あるいは高校生のものが多く、小学校におけるグリットの知見は少ない(例外は、藤原・河村(二〇一九)、山北ほか(二〇一八)、松岡(二〇一七))。そこで本章では、小四~小六の子どものグリットに着目する。

第二に、これまでの日本での研究は一時点のデータを用いたものが多く、グリットがどのように変化するのか、どのような活動や意識によってグリットが高められるのか、グリットが高まると学習行動や学力にどのような効果があるのかに関する知見は少ない。そこで、子どもを追跡したパネルデータを用いて、グリットスコアの個人間の相違と個人内の変動という二つの側面を区別して分析を行う。つまり、AさんとBさんのグリットの違いはどのような要因によるのかという点と、Aさんのグリットが高くなる(あるいは低くなる)のは何によるのかという点、それぞれを検証する。

本章ではこのような背景から、以下の四つの課題を設定する。(1)小四時点で誰のグリットが高いのか、(2)小四から小六にかけて誰のグリットが高まるのか、(3)どのような活動や意識の変化がグリットを高めるのか、(4)グリットが高まると、学力や学習時間は変化するのか。

2　分析に用いる手法

2.1　データ

本章では、いろは市の調査データから二〇一六年度(四年生)、二〇一七年度(五年生)、二〇一八年度(六年生)の三時点のデータを用いる(調査については、v頁の「調査の概要」を参照のこと)。ここでは、初年度の保護者調査協力に同意した四〇二二名を分析対象とする。

なお、本調査の子ども質問紙・保護者質問紙は、年度ごとに学級が抽出され、四年生で抽出された子どもが五年時・六年時も抽出されるとは限らないため、必然的な脱落が生じる。よって分析にあたっては、多重代入法(multiple imputation method)を用いた。[1] 後掲する表5-1から表5-3は、それぞれ観測があるケースを用いた記述統計を、表5-4、表5-5は多重代入法を用いた上での分析結果を示している。

2.2 変数

本章の主要な従属変数は、グリット(やり抜く力)である。ダックワースによる「8-Item Grit Scale for Children」を翻訳した「日本語版子ども用8項目の Grit 尺度」(山北ほか 二〇一八)に基づいた質問項目を用いている。これは、子どもが自らのグリットを自己評価したものである。「まじめにコツコツとやるタイプです」や「いったん目標を決めてから、そのあと別の目標に変えることがよくあります」など八項目の質問が含まれており、五件法で、それぞれ「あてはまらない＝0」「あまりあてはまらない＝1」「すこしあてはまる＝2」「よくあてはまる＝3」「あてはまる＝4」のスコアを与え、すべての項目の値の足し算をして、一つのスコアを作成している。八つの項目それぞれが0点から4点なので、最小で0点、最大で32点ということになる。[2] スコアが高い程、根気強く努力し、興味が一貫している、つまりやり抜く力を持っている(と自己評価している)ということである。グリットは二つの要素(「根気」と「一貫性」)から成るとされているが、通常両者の合計がグリット尺度得点として使われるので(西川ほか二〇一五)、本章でも分けずに、一つのスコアを用いる。

どのような人のグリットが高いのかを確認するために、属性に関する独立変数としては性別、早生まれ、母親学歴、一人親の四つの変数を用いる。「性別」は女子の場合が1、男子の場合は0の値をとる。「早生まれ」は、一月~三月生まれの場合は1、それ以外の場合は0の値をとる。「母親学歴」は母親の最終学歴が短大・高等専門学校・大卒・大学院のいずれかの場合は大卒以上とみなし1、それ以外の場合は0の値をとる。「一人親」は一人の親と生活している場合は1、二人の親と生活している場合は0の値をとる(単身赴任の場合は後者に含む)変数である。

どのような活動や意識がグリットを高めるのかを明らかにするための独立変数として、習い事種類数、家庭での文化的活動、受験に対する意識を用いる。「習い事種類数」は、「あなたは、おけいこや学校外のクラブに通っていますか。行っているものや、やっているもの全部に◯をつけてください」の回答(音楽、習字、そろばん、スポーツなど)を足し、三種類以上やっている場合は3とした。習い事を通して、例えば楽器の発表会やスポーツの試合を目標に地道に練習をする経験を重ね、達成感が得られるからこそ、根気強く努力する価値が内面化されると言えるだろう。「家庭での文化的活動」は、「お家の人に博物館や美術館に連れていってもらった」「お家の人にミュージカルやクラシックコンサートに連れていってもらった」の頻度に対する質問項目を用い、それぞれ「一年に一回以上」と答えた場合は1、「連れていってもらったことはない」と答えた場合は0とリコードし、二つの項目の値を足して一つの変数を作成している。様々な文化に継続的に触れることにより、子どもが強い関心やこだわりを抱くきっかけとなることが考えられる。「受験に対する意識」は、「あなたはどこかの中学校（私立中学校や大学の附属中学校、中高一貫校など）を受験しようと思っていますか」に対して、「はい」を選択した場合は1、「まだ決めていない」「いいえ」を選択した場合は0とリコードしている。受験する（合格する）という具体的な目標を持つことにより、地道に努力する意識が醸成されることが推測される。

後半でグリットの効果を検証する際に用いる従属変数としては、学力と学校外学習時間を用いる。「学力」は算数の学力を使用する。四年生と五年生は市による学力調査、六年生の学力は全国学力・学習状況調査を利用しているが、これら三時点の学力は各年度の難易度を調整するための項目を入れることで、時点間の学力を比較することが可能となっている[3]（川口ほか 二〇一九）。グリットと学力に関しては、関連があることを示した研究と、関連がないと結論付けた研究と相反する結果が出ているため（Lam & Zhou 2019）、パネルデータで確認する意義が大きい。学校外学習時間は、「学校の授業時間以外に、普段（月曜日から金曜日まで）、一日当たりどれくらいの時間、勉強をしますか。（学習塾で勉強している時間や家庭教師の先生に教わっている時間も含みます）」に対する回答を用いている[4]。グリットは自制心と関連が強いことも明らかにされている（Kannangara et al. 2018）ため、学習時間に影響を及ぼすことが考えられる。

これらの変数の記述統計を表5-1に示す。グリットに関しては、四年生の平均値が一七・三一九、五年生の平均値が一六・八九〇、六年生の平均値が一六・四七五であることから、学年とともに平均値が下がる傾向にあることが確認できる。これに関しては、埼玉県学力・学習状況調査に含められたグリット尺度に関しても同様の傾向が確認されている（中室ほか 二〇二〇）。日本では、非認知能力は学年が進むにつれ学年平均の値が低減していく傾向がある。中室らが指摘しているように、非認知能力そのものが低下しているとは限らず、学年が上がるにつれ周囲の環境や社会的役割の変化が子ども自身の自己評価を変えている可能性があるだろう（中室ほか 二〇二〇）。いずれにせよ本分析では、全体の平均の推移ではなく、個人間の比較の中の推移に着目するので、この点は問題とならない。また、

表5-1　記述統計

変数名		最小値	最大値	平均値	標準偏差
Level 1（個人内水準）					
Grit	4年生	0	32	17.319	4.938
	5年生	0	32	16.890	5.331
	6年生	0	32	16.475	5.211
習い事種類数	4年生	0	3	1.342	0.923
	5年生	0	3	1.268	0.899
	6年生	0	3	1.176	0.894
家庭での文化的活動	4年生	0	2	0.982	0.758
	5年生	0	2	1.044	0.766
	6年生	0	2	1.039	0.765
受験に対する意識	4年生	0	1	0.239	0.427
	5年生	0	1	0.199	0.399
	6年生	0	1	0.137	0.344
学力	4年生	12	88	50.321	10.029
	5年生	10	94	59.999	10.860
	6年生	23	90	58.900	10.117
学習時間	4年生	0	120	74.734	37.135
	5年生	0	120	80.696	35.369
	6年生	0	180	97.523	52.523
Level 2（個人間水準）					
女子		0	1	0.513	0.500
早生まれ		0	1	0.251	0.434
母親学歴		0	1	0.488	0.500
一人親		0	1	0.134	0.340
Grit平均		2	32	16.948	4.326
習い事種類数平均		0	3	1.280	0.826
家庭での文化的活動平均		0	2	1.022	0.630
受験に対する意識平均		0	1	0.196	0.309
学力平均		26	81	56.375	9.064
学習時間平均		0	150	84.272	32.207

誰のグリットが伸びているのかというよりは、誰のグリットの低下が少ないのかに着目することになる。

2.3 分析の方法

本章では、分析手法にハイブリッドモデルという固定効果とランダム効果を併せた手法を用いる。固定効果モデルは個人内変化(例えば家庭での文化的活動が増えると、グリットは上がるのだろうか)に着目した手法だが、親の学歴といった変化しない変数を、モデルに組み込むことができない。ランダム効果モデルは時間により変化しない属性のような変数(例えば母親が大卒の場合、母親が非大卒の場合に比べて、子どものグリットは高いのだろうか)を組み込むことが可能だが、家庭での文化的活動のように個人間で異なり個人内でも変化する変数の場合、個人間効果と個人内効果の両方が区別されずに一つの係数として表されてしまう。ハイブリッドモデルはこれらの問題点を克服し、それぞれの良い点を併せた手法である。

本章では、誰のグリットが高いのかとともに、どのような活動や意識の変化がグリットを高めるのかも検証したいために、この手法が適切である。また、グリットのように個人間で異なり、個人内でも変化する変数の場合は、二つの効果を区別することが可能となる。例えば、グリットが高い子どもはグリットが低い子どもに比べて、学力が高いかもしれない。しかし、ある生徒のグリットが低いスコアから高いスコアに変化すると、その子どもの学力は変化するのだろうか。これら二つの側面を区別して、効果を抽出することができるのがハイブリッドモデルの特色である。さらに、学年の上昇にともなうグリットの変化の在り方が家庭背景や性別によって異なるのかを検証するために、時点をランダムにした成長曲線モデルを用いる。成長曲線モデルは、マルチレベル分析の一つであり、個人の変化の在り方（レベル１の傾き）を従属変数とし、それが個人の属性（レベル２の変数）によってどれだけ異なるか（例えば、グリットの変化は、女子と男子で違うのか）ということを見出せる手法である。

３　グリットの推移——小四〜小六の間の変化

まず小四時点から小六時点、つまり小学校高学年の三年間で、子どものグリットはどの程度変化するのだろうか。三時点のグリット指標の相関係数は、小四・小五が〇・四五、小五・小六が〇・五八、小四・小六が〇・四一である。三時点の学力の相関係数（それぞれ〇・六三、〇・六七、〇・六四）に比べて低く、時点間で変化しやすいことがうかがえる。表５－２はグリット得点にもとづいて、全生徒を四等分し、高い方から、高、中高、中低、低とした上で、グリットランクを小四時点と小五時点でクロスさせたものである。グレーになっている主対角線上にあるのが、二時点でグリットランクが全く変わっていない子どものケースおよび割合である。例えば小四時点でグリットが低ランクだった子どもの内四五％は、小五時点でも低ランクである。全子どもの三九％は小四時点と小五時点のグリットランクが変わらないことが確認できる。逆に六一％の子どもは小四時点と小五時点のグリットランクが異なるということである。

同様に、表５－３では、小五から小六でどの程度グリットランクに変化があるのかを表している。

最も低いランクと最も高いランクでは、小四から小五の推移に比べて変化が少なくなることが確認できる。例えば小五時点でグリットが低ランクだった子どもの内五七%は、小六時点でも低ランクであることが確認できる。また全子どもの四四%はグリットランクが小五時点と小六の時点で変わらないことが確認できる。紙面の都合上結果は省略するが、学力に比べるとグリットは個人内変化が大きいと言える。

表 5-2　グリットの2時点間の推移（小4から小5）

		小5 低	小5 中低	小5 中高	小5 高	合計
小4	低	324	188	136	75	723
		45%	26%	19%	10%	100%
	中低	177	217	201	102	697
		25%	31%	29%	15%	100%
	中高	90	146	205	167	608
		15%	24%	34%	28%	100%
	高	61	94	194	289	638
		10%	15%	30%	45%	100%
	合計	652	645	736	633	2666
		25%	24%	28%	24%	100%

表 5-3　グリットの2時点間の推移（小5から小6）

		小6 低	小6 中低	小6 中高	小6 高	合計
小5	低	359	154	74	38	625
		57%	25%	12%	6%	100%
	中低	186	193	154	81	614
		30%	31%	25%	13%	100%
	中高	99	187	224	180	690
		14%	27%	33%	26%	100%
	高	47	78	132	338	595
		8%	13%	22%	57%	100%
	合計	691	612	584	637	2524
		27%	24%	23%	25%	100%

4　グリット格差の推移

次に、誰のグリットが小四時点で高いのか、また小四時点から小六時点でどのように変化するか、その変化が性別や家庭背景によってどのように異なるのかに着目してみよう。表5－4はグリット指標を従属変数としたハイブリッド成長曲線モデルの結果である。モデル1は時点のみを独立変数として入れている。時点の係数が－〇・四二二で有意であること（「＊」がつく係数は有意であることを意味し、結果が誤差で生じたとは考えにくいことを意味する）から、平均的なグリットの推移は、学年が上がるにつれ下がる傾向にある。

モデル2は、小四時点で誰のグリットが高いのか、グリットの変化は人によって異なるとすれば誰のグリットの低下が少ないのかを明らかにするために、グリットの水準（小四時点のグリット）と傾き（小四～小六の変化）が、それぞれ個人の属性とどのような関連があるのかを検証している。まずランダム切片（小四時点のグリット）を説明する要因の係数に着目してみよう。属性の変数はすべて（1または0の値をとる）ダミー変数のため、係数は二つのグループのグリットスコアの差を表す。例えば、女子の係数が有意であることから、小四時点で女子は男子よりもグリットスコアが〇・五九三ポイント高い。また学力と同様に、小四時点でも早生まれの子どもはそうでない子どもよりもグリットが低い。家庭背景に着目すると、母親の学歴が低い家庭、および一人親世帯で育つ子どもはグリットが相対的に低い。つまり小四時点で、学力のみならず、長期的な目標に向けた粘り強さや根気といっ

表 5-4　グリットの規定要因

	Model 1		Model 2		Model 3	
固定効果	係数	標準誤差	係数	標準誤差	係数	標準誤差
Level 1（個人内水準） n = 12,066						
習い事種類数					0.100	(0.103)
家庭での文化的活動					0.180*	(0.091)
受験に対する意識					0.439*	(0.177)
Level 2（個人間水準） n = 4,022						
ランダム切片（Random Intercept）						
切片	17.334***	(0.074)	17.026***	(0.137)	15.557***	(0.182)
女子			0.593***	(0.148)	0.485**	(0.148)
早生まれ			−0.360*	(0.140)	−0.376**	(0.137)
母親学歴			0.380*	(0.150)	0.047	(0.147)
一人親			−0.683***	(0.182)	−0.521**	(0.177)
習い事種類数平均					0.437***	(0.076)
家庭での文化的活動平均					0.795***	(0.092)
受験に対する意識平均					1.423***	(0.210)
時点のランダム傾き（Random Slope）						
切片	−0.412***	(0.047)	−0.288***	(0.082)	−0.259**	(0.082)
女子			−0.440***	(0.095)	−0.430***	(0.095)
母親学歴			0.209*	(0.096)	0.197*	(0.095)
ランダム効果	分散		分散		分散	
Level 2 切片	7.366***		7.263***		6.687***	
Level 2 時点の傾き	0.073***		0.069***		0.072***	

* = $p<0.05$,　** = $p<0.01$,　*** = $p<0.001$

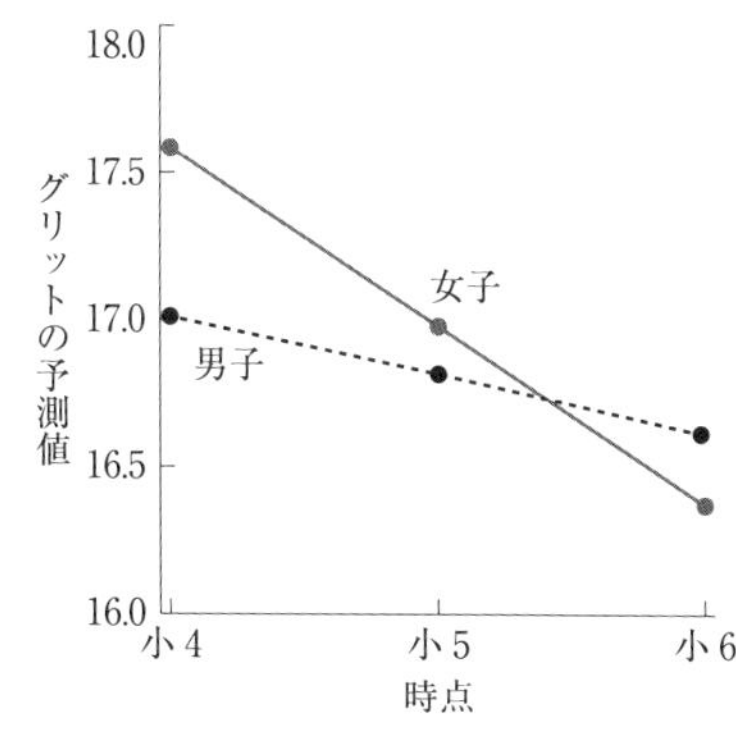

図5-1　グリットの変化：ジェンダー別

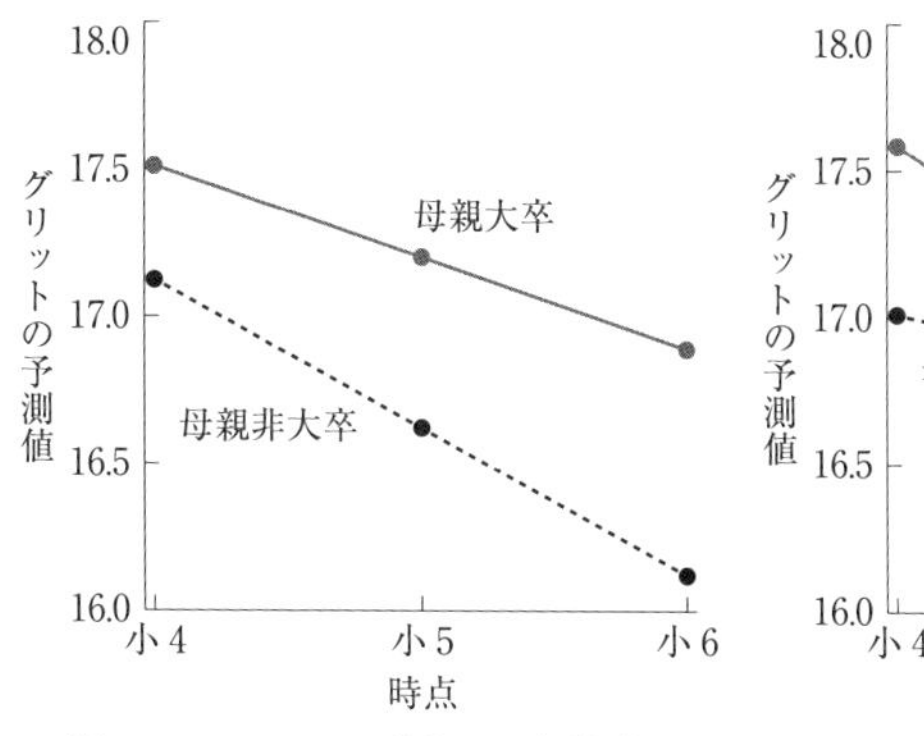

図5-2　グリットの変化：母親学歴別

た非認知能力においても、生まれ育った家庭背景や家族構成による格差があるということである。

　では、小四時点で確認できるそのようなグリット格差は、学年の上昇とともにどのように推移するのであろうか。先ほど確認したように、全体的にグリットスコアは低下する傾向にあるが、その中で相対的に低下が抑えられているグループはあるのだろうか。表5-4のモデル2の時点のランダム傾きの係数(クロスレベル交互作用)は有意であった変数のみ、最終モデルに残している。男子と女子で、また大卒の母親を持つ子どもと非大卒の母親を持つ子どもで、小四から小六のグリットの変化が異なることが確認できる。その関連を可視化したのが、図5-1、図5-2である。図5-1から、小四時点では女子が男子よりもグリットが高いものの、女子の方がグリットの低下がより大きいため、小六時点では男子の方がグリットが高くなることが確認できる。また図5-2から、生まれ育った家庭によりグリットの推移が異なることが確認できる。小四から小六になるにつれてグリットが低下する中で、大卒の母親を持つ子どものグリットの低下は(非大卒の母親を持つ子どもに比べて）緩やかで、結果的に小四時点でみられたグリット格差は小六時点で微少だが拡大する傾向が確認できる。

5　どのような経験・活動・意識がグリットを高めるのか

では、どのような活動や意識を通して、子どものグリットは高まるのだろうか。

モデル3では、習い事種類数、家庭での文化的活動の多寡、受験に対する意識を加えている。これらは各時点で値が変わる変数であるが、その影響力を個人内と個人間に区別できるのがハイブリッドモデルの特徴である。レベル1にある係数は、例えば習い事種類の数が小四時点で二種類だったのが、小五時点で三種類に変わった場合の影響力（個人内）を示す。これに対し、レベル2にある係数は、習い事を二種類している子どもと三種類している子どもでは、どの程度グリットが異なるのか（個人間）を示している。まず個人内に着目すると、有意なのは受験に対する意識と家庭での文化的活動である。受験に対する意識は係数が〇・四三九と正の値であることから、子どもの意識が「受験しない」あるいは「決めていない」から「受験をする」に変化すると、グリットが高まるということである。家庭での文化的活動が増えると、グリットが微少だが高まる傾向が見られるが、習い事種類の数は増えても、グリットが高まるという傾向は見られない。一方、レベル2の係数に着目すると、すべて有意になっている。つまり習い事種類の数がより多い人ほど、あるいは文化的活動が豊かな人ほど、あるいは受験を決めている人ほど、家庭背景や家族構成を考慮した上でも、グリットが高いということである。

一つ留意すべき点は、モデル３とモデル２を比較すると、母親学歴が有意でなくなっていることである。つまりモデル３で加えた習い事種類の数、家庭の文化的活動、受験に対する意識は、家庭背景によるグリット格差を一部説明していると言える。ラロー(2003)は、米国の小三、四年生を対象に上位階層の親ほど子どもの放課後の活動を構造化し、積極的に子どもの能力やスキルを育むことに重きを置くことを明らかにした。これと同様に日本のいろは市でも、学歴の高い親ほど習い事を多くさせ、家庭の文化的活動も多く行い、中学受験を選択する傾向があり、子どものグリットが高い傾向があることを示唆している。

6　グリットが高まると学力は向上するのか

前述のとおり、グリットは教育達成と関連があることがこれまで示されてきた。すなわち、目標に対してこだわりを持ち続け、目標達成のためにコツコツと努力をする気質を持っていると、学習時間が増えたり、学力が向上するという前提で関連が示されてきたが、その多くは一時点のデータによる結果のため、因果関係は明らかにされていない。以下では、小学校高学年に着目し、またパネルデータを用いて、グリットが高まると、学力が向上したり学習時間が増えたりするのかに着目する。

表５－５の学習時間を従属変数としたモデルの係数を見てみよう。まずグリットと学習時間の関連を確認する。個人内、個人間ともに、係数の値は小さいが有意な関連が見られる。グリットが高い子

表 5-5　学習時間・学力の規定要因

	学習時間		学力	
固定効果	係数	標準誤差	係数	標準誤差
Level 1（個人内水準） n = 12,066				
Grit	0.444***	(0.110)	0.035	(0.031)
Level 2（個人間水準） n = 4,022				
ランダム切片（Random Intercept）				
切片	42.093***	(2.480)	46.077***	(0.811)
女子	3.769*	(1.081)	0.051	(0.356)
早生まれ	−0.519	(1.076)	−2.222***	(0.410)
母親学歴	3.779***	(1.117)	3.773***	(0.350)
一人親	−2.751*	(1.358)	−2.571***	(0.524)
Grit 平均	1.618***	(0.097)	0.308***	(0.043)
時点のランダム傾き（Random Slope）				
切片	8.521***	(0.730)	4.263***	(0.114)
女子	2.395**	(0.862)		
母親学歴	3.693***	(0.888)		
ランダム効果	分散		分散	
Level 2 切片	359.860***		55.488***	
Level 2 時点の傾き	247.843***		0.007	

* = $p < 0.05$,　** = $p < 0.01$,　*** = $p < 0.001$

どもは、グリットが低い子どもよりも学習時間が長い（グリットが一ポイント高い子どもは学習時間が一・六分長い）。また、子どものグリットが高まると、学習時間が長くなる（グリットが一ポイント向上すると、その子どもの学習時間は〇・四分長くなる）傾向が見られる。

それ以外の規定要因も見てみよう。まず小四時点で、女子で、大卒以上の母親を持ち、二人親世帯で育つ子どもは学習時間が長いことが確認できる。次に学習時間の平均的な推移に着目すると、学年の上昇に伴い、毎年八・五分長くなっていることが確認できる。ただし、その推移は個人間で異なる。まず、女子の方が学習時間の増加が大きい(男子の増加は毎年平均八・五分であるのに対して、女子の増加は毎年平均 8.5 + 2.4 = 10.9 分)。また、母親の学歴が高い方が学習時間の増加が大きい(非大卒の母親を持つ子どもは毎年平均八・五分の増加であるのに対して、大卒の母親を持つ子どもは毎年平均 8.5 + 3.7 = 12.2 分の増加)[5]。小四時点で見られる学習時間の格差が、学年の上昇とともに微少だが大きくなることが確認できる。

次に、学力を従属変数とした右側のモデルの係数に着目してみよう。グリットと学力の関連に着目すると、個人内水準は有意でなく、個人間水準でのみ有意である。つまり、グリットスコアが高い子どもはグリットスコアが低い子どもより学力が高いことは確認されるが、ある子どものグリットが高まると学力も高まるという効果は見られない[6]。それ以外の規定要因に着目すると、男子と女子で有意な差は見られないが、早生まれの子どもはそうでない子どもよりも学力が低いことが確認できる。また学習時間と同様に、大卒以上の母親を持つ子どもの学力が高く、一人親世帯で育つ子どもの学力が低いことが確認できる。なお、学力の平均的な推移は学年とともに上がるが、その推移に個人間の有意な差異は見られない(ランダム効果が有意でない)ため、時点のランダム傾きには規定要因を入れていない。言い換えると、小四時点で見られた学力格差は、学年が上がるにつれて拡大も縮小もしていないということである。

7　グリット格差に関するまとめと考察

本章の知見をまとめてみよう。第一に、西日本の大都市いろは市において調査された、小四の子どもの長期的な目標に向けた粘り強さと情熱を測るグリット指標には格差が見られる。母親の学歴が低く、一人親世帯で育つ子どもは相対的にグリットが低い傾向にある。小四時点で学力のみならず、グリット等の非認知能力にも家庭背景による格差が存在するということである。これは小四時点までの家庭や学校外での体験、特に一つのことに情熱や努力を注ぐ経験が、子どもの家庭背景により異なることを示唆していると言えよう。

第二に、小四時点から小六時点のグリットの変化に着目すると、学年の上昇とともにグリット指標は全体的に低くなる傾向があるが、母親の学歴が高い子ども、および男子は、比較的その低下が抑えられている。すなわち、小四から小六にかけて家庭背景によるグリット格差は微少だが拡大し、性別によるグリット格差は逆転する傾向が見られる。

第三に、どのような経験がグリットを高めるのか検討したところ、中学受験をするという意思決定をすることによりグリットが高まることが明らかになった。中学受験の機会はこれまで通塾や学力の不平等から議論されることが多かったが、それだけではなく子どもの非認知能力に格差を生成するということである。受験という選択を通して、一部の子どもが大きな目標に向けて粘り強く取り組む姿勢や気質を早期に育む機会を得ていると言えよう。一方、より多くの種類の習い事を経験し、家庭で多くの文化に触れる機会が与えられている子どもはそうでない子どもに比べてグリットは高いものの、習い事の経験を増やすことがグリットを高めるという関連は実証されなかった。この点は、今回用いている質問項目の限界も指摘しておくべきであろう。今回の調査では習い事の種類の多寡しか聞いていないが、根気強い努力や一貫した関心は、習い事の質(例えばどれだけ練習を要するのか、発表会や試合のように普段の成果を試す場があるのか等）や、習い事の継続性（どれだけ多様な習い事をしているかより、どれだけ一つの習い事を続け、打ち込んでいるかなど）により醸成されることが考えられる。今後、習い事などの学校外活動とグリットの関連を検証するには、このような側面を考慮した質問項目が必要であろう。

第四に、グリットが教育達成に及ぼす効果に関しては、家庭背景を統制した上でも、グリットが高い子どもは低い子どもに比べて学習時間や学力が高い傾向にあるものの、グリットの変化と関連が見られたのは学習時間のみであった。つまり、グリットが高まると学力が向上するという関連は本データでは見られなかった。あくまで推測だが、グリットが高まることにより、直接学力に影響を及ぼすというよりは、学習時間が増えるなど学習に対する意欲や取り組む姿勢の変容をもたらすことが考えられる。そうであるなら、グリットは短期的な学力向上という影響ではなく、学力と両輪のような形で、より長期的な将来の成功を促進する要因として捉えることもできる。

非認知能力の育成が教育政策で重視され、またグリットが将来の成功や達成と関連していることが報告される一方、教育実践では必ずしもデータに基づかずに非認知能力がもてはやされて取り入れられたりする現状がある。それに対して、本研究では小学校四年、五年、六年の三時点でグリットを測定したパネルデータを用いることにより、家庭背景やジェンダーによるグリット格差の推移を把握し、さらにグリットが高い子どもと低い子どもの学力の違いと、ある子どものグリットが高まった（低くなった）時の学力の変化を識別することで、批判的な見解が示せた。日本における小学生の子どものグリットを捉えた実証研究は数が少なく、不明な点も多いため、子どもを追跡したパネルデータを用いたグリットの変化に関する研究の更なる蓄積が必要と考える。

注

(1) 多重代入法は、欠損値に事後予測分布に基づいた予測値を代入したデータを複数構築し、それぞれのデータで同じ分析を行い、それらの推計値を統合する方法である。複数の代入値を用いることにより、推定に関わる不確実性を反映させ、適切な標準誤差により推定を行うことができる。なお、欠損値を代入せずに分析を行っても主たる結果に変わりはない。

(2) 八つの質問項目のα係数は〇・六八七、最尤法、プロマックス回転による因子分析を行うと、二因子が抽出され、累積寄与率は三八・四四%と、共に低めの値である。「ぼく/わたしは、がっかりしたあと、ほかの人よりも立ち直るのがはやいです」という質問項目の負荷が低く、この項目を抜いた場合、α係数は〇・七三五、累積寄与率は四三・一七%に改善されるが、先行研究との一貫性から本項目は削除せずに、八項目をそのまま用いてグリット尺度とした。

(3) 本データには、PISAやTIMSSと同様に、個人の能力推定値の事後分布からランダムサンプリングして得られた値である推算値(Plausible Values: PVs)が五つ含まれており、学力を従属変数とした分析の際にはこの五つのPVsを用いた。

(4) 四年生、五年生(市の生活習慣調査)の回答選択肢は最大が「二時間以上」となっているのに対して、六年生(全国学力・学習状況調査)の回答選択肢の最大は「三時間以上」となっている。六年生の学習時間は四〜五年生よりも多いことが他の調査から分かっているため、回答項目のコーディングは一二〇分で揃えずに、それぞれの値を代入した。

(5) 有意でなかったクロスレベル交互作用(早生まれ、一人親世帯)は最終モデルから抜いてある。

(6)　本書第7章4節は、グリット尺度の信頼性について問題提起しており、学力の低い子ども程、回答により大きな誤差が含まれている可能性が高いと指摘している。そこで、回答者が回答労力の最小限化を引き起こしていると考えられるデータ、具体的には逆転項目が含まれているにもかかわらず、八項目すべてに「あてはまらない」、あるいは八項目すべてに「あてはまる」と回答している子どものデータ(学年にもよるが、該当データはサンプルの〇・二%から〇・六%)を除いて、表5-4、表5-5のモデルの再推計を行ったが、本章の主な結果は変わらない。

参考文献

Duckworth, A., 2016, *Grit: The Power of Passion and Perseverance*, Scribner(=二〇一六、神崎朗子訳『やり抜く力――人生のあらゆる成功を決める「究極の能力」を身につける』ダイヤモンド社).

Duckworth, A. L., Peterson, C., Matthews, M. D., Kelly, D. R., 2007, "Grit: Perseverance and Passion for Long-term Goals," *Journal of Personality and Social Psychology*, 92(6), 1087-1101.

藤原寿幸・河村茂雄、二〇一九、「小学生のGrit(やり抜く力)と学級適応・スクールモラール・ソーシャルスキルとの関連の検討」『早稲田大学大学院教育学研究科紀要』別冊二七(一)、八三―九二頁。

Heckman, J. J., 2006, "Skill Formation and the Economics of Investing in Disadvantaged Children," *Science*, 312, 1900-1902.

Kannangara, C. S., Allen, R. E., Waugh, G., Nahar, N., Khan, S. Z. N., Rogerson, S., Carson, J., 2018, "All That Glitters Is Not Grit: Three Studies of Grit in University Students," *Frontiers in Psychology*, 9, Article 1539.

苅谷剛彦、二〇〇〇、「学習時間の研究――努力の不平等とメリトクラシー」『教育社会学研究』六六、二一三―

二三〇頁。

川口俊明・松尾剛・礒部年晃・樋口裕介、二〇一九、「項目反応理論と潜在クラス成長分析による自治体学力調査の再分析——算数・数学の学力格差とその変容」『日本テスト学会誌』一五(一)、一一一—一三四頁。

Lam. K. K. L., Zhou. M., 2019, "Examining the Relationship between Grit and Academic Achievement within K-12 and Higher Education: A Systematic Review," *Psychology in the Schools*, 56(10), 1654-1686.

Lareau, A., 2003, *Unequal Childhoods: Class, Race, and Family Life*, University of California Press.

松岡亮二、二〇一七、「グリット(やり抜く力)不平等」福岡教育大学編『児童生徒や学校の社会経済的背景を分析するための調査の在り方に関する調査研究』一〇〇—一〇六頁。

中室牧子ほか、二〇二〇、『埼玉県学力・学習状況調査のデータを活用した効果的な指導方法に関する分析研究調査報告書』。

西川一二・奥上紫緒里・雨宮俊彦、二〇一五、「日本語版 Short Grit (Grit-S) 尺度の作成」『パーソナリティ研究』二四(三)、一六七—一六九頁。

OECD, 2015, *Skills for Social Progress: The Power of Social and Emotional Skills*, OECD Skills Studies, OECD Publishing.

清水優菜、二〇一八、「Gritと達成目標、数学の成績の関係」『日本教育工学会論文誌』四二(Suppl.)、一三七—一四〇頁。

山北満哉・安藤大輔・佐藤美理・秋山有佳・鈴木孝太・山縣然太朗、二〇一八、「子どものスポーツ活動とGrit(やり抜く力)の関連——横断研究」『日本健康教育学会誌』二六(四)、三五三—三六二頁。

第6章　学校文化と教育格差
――日本社会に文化資本概念をどう適用するか

知念　渉

1　文化資本という考え方

二〇〇〇年代初頭に学力の階層間格差の実態が明らかにされて以来(苅谷・志水編 二〇〇四)、学力格差に関する社会学的研究は数多く蓄積されてきた。それらの研究が強調したことの一つが、学力に与える家庭背景の影響力は経済的な次元にとどまらず、文化的な次元にまで及んでいるということだ。学校で正統とされている文化に親和性が高い家庭で育つ子どもは、そうでない子どもよりも学力が高くなるというわけである。例えば、週末にショッピングモールに買い物に行く習慣のある家庭の子どもと、博物館や美術館にいって「教養」を「自然に」身につける子どもを想像すれば、後者の学力の方が高くなることは想像に難くない。

このような説明をするうえで重要な役割を果たしてきたのが、「文化資本」という概念である。文化資本とは、経済的な要因だけでは説明できない教育的不平等や人々のやりとりを分析するためにP.ブルデューが考案したものである。この概念をつくり出した経緯について、ブルデューはインタビューで次のように答えている(Bourdieu & Wacquant 1992＝二〇〇七：二〇七―二〇八)。

たとえば私が一九六〇年代初頭に提案した文化資本の概念は、経済力を示す変数の与える影響を除外してみてもなお、より文化水準の高い家庭出身の学生が高い比率で学校での成功を収めるだけではなく、あらゆる範囲の分野で異なった様式やパターンの消費や文化的表現を示す、という事実を説明するためのものでした。

このインタビューで明確に述べられているように、フランス社会を分析するなかでブルデューは文化資本概念をつくりだした。そして日本の教育社会学的な学力研究は、これを日本社会に適用し、さまざまな知見を生み出してきた（志水ほか 二〇一四など）。しかしその一方で、「文化資本」を日本社会に適用した研究に対して、概念の定義や分析方法に関する問題点が指摘されている（磯 二〇二〇など）。

そこで本章では、学力研究における文化資本概念を日本社会に適用した研究の問題点を整理し、それを克服する方法で、子どもたちの生活様式にブルデューの研究を適用する。そうすることで、子どもたちの生活様式がどのように構造化されているのか、またどのような社会的な力学に規定されているのか、学校という場で有利になるのはどのような生活様式を持った子どもなのか、といった問いを明らかにしていこう。

本章の構成は以下の通りである。2節では、ブルデューの代表作『ディスタンクシオン』がどのようなものであったかを確認したうえで、文化資本概念を日本社会に適用してきた研究の問題点とそれを克服するための方針を示す。3節では使用する変数を説明する。続く4節では多重対応分析によって子どもの生活様式空間を構築し、それがどのような原理で編成されているのか、そして、そこにどのような社会的な力学（子どもの家庭背景やジェンダー）が作用しているのかを明らかにする。そして5節では、分析結果をまとめ、ブルデューの研究を子どもたちの生活様式に適用したことで見出された、学力研究に対する示唆を考察する。

2　文化資本と日本社会への適用

まず、ブルデューの研究において文化資本という概念がどのように使用されているのかを確認しよう。ここでは、主に『ディスタンクシオン』という代表的研究をとりあげる。というのも、『ディスタンクシオン』は、ブルデューの研究において「一つの到達点」（磯 二〇二〇：一九八）とみなすことができるからである。

『ディスタンクシオン』の中でブルデューは、フランス社会が経済至上主義で成り立っているのではないことを示そうとした。例えば、企業の経営者と大学教授とでは、どちらが社会的地位が高いと言えるだろうか。企業経営者の方が大学教授よりも平均収入は高いはずだが、だから経営者の方が社会的地位も高いかというと、そうとは言い切れない。この例が端的に示すように、私たちは決してお金の多寡だけで人々を評価・判断しているわけではない。では、その経済とは別の論理とはなにか。それを抽出するためにブルデューが選んだ対象が、趣味である。先の例で言えば、経営者の趣味と大学教授の趣味は異なる傾向にある。そして、大学教授の趣味の方が社会的に高い評価を受けやすい。

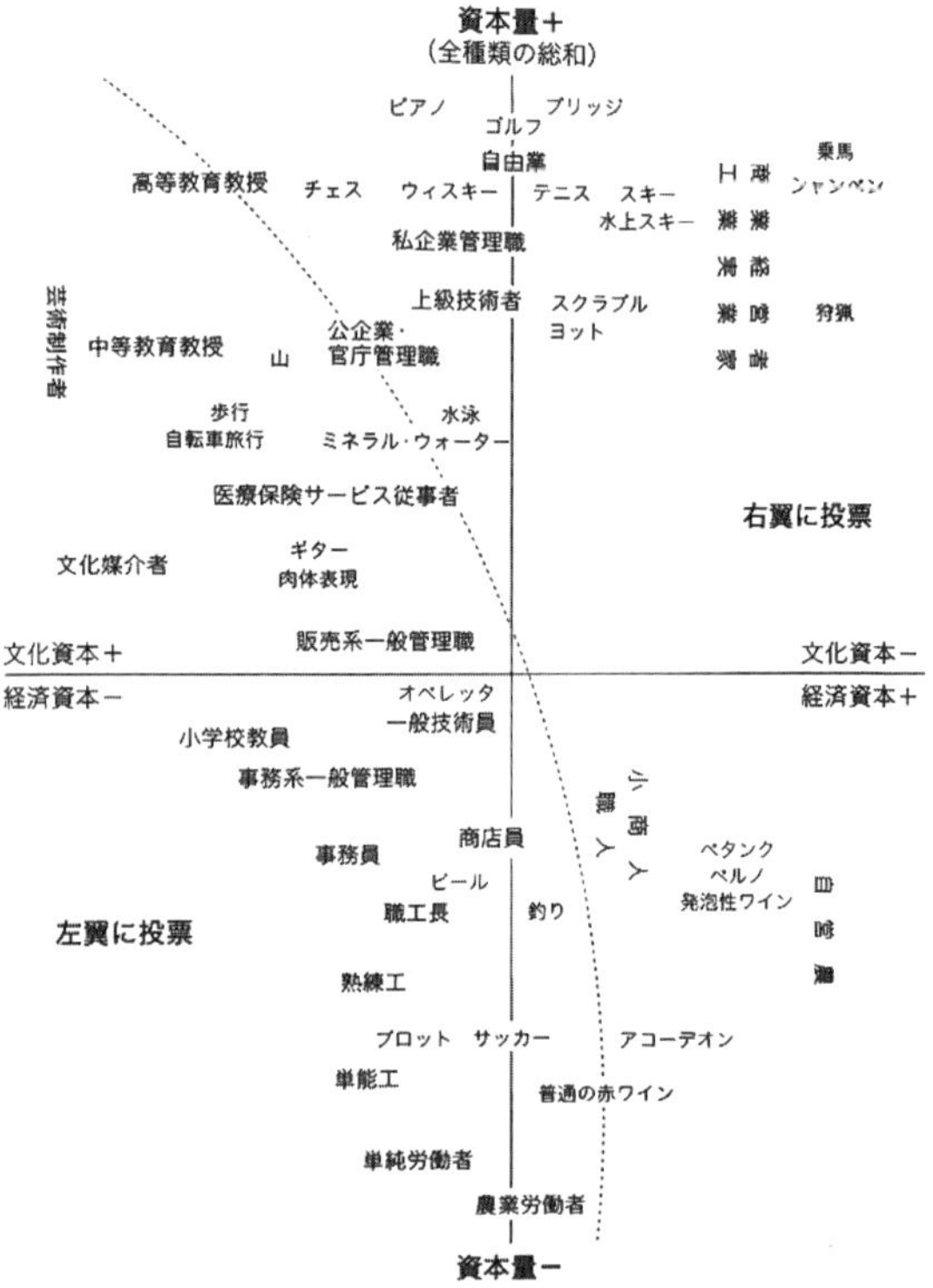

(『ディスタンクシオン』(邦訳I巻)の192–193ページに掲げた図を簡略化し，好きな飲物，スポーツ，楽器，ゲームに関するいくつかの有意味な指標だけを抜き出したもの)
点線は，右翼に投票するか左翼に投票するかのおよその境界を表す．

図6–1　社会的位置空間と生活様式空間

社会的地位と趣味の間には法則性を帯びた関係性があるのではないか。このような問いをブルデューは、(多重)対応分析という手法を用いて明らかにした。[1]

(多重)対応分析によってブルデューが導き出した知見を簡略的に図示したものが、図6-1である(Bourdieu 1994＝二〇〇七：二二)。図6-1には、「高等教育教授」、「商業経営者」、「単純労働者」といった職業の分類と、「チェス」、「乗馬」、「ビール」といった趣味に関する項目が配置されている。この図では、同一の回答者が同時に選択する傾向にある項目が近くに、同時に選択されない傾向にある項目が遠くに配置されるようになっている。例えば、「高等教育教授」の近くには「チェス」があるが、それは高等教育教授の職に就く者がチェスを趣味にする傾向にあることを示している。他方、「商業経営者」に目を向けると、近くには「シャンペン」や「乗馬」がある。これは商業経営者がシャンペンや乗馬を趣味にしがちであることを示している。下方に目を移すと、「職工長」や「商店員」の近くには「ビール」があり、ビールを好んで飲む層がどのような職に就く人々なのかを示している。この図に示されるように、（多重）対応分析は、さまざまな要素を一つの図に落とし込み、要素の関係を近い／遠いという形で可視化できることに特長がある。なお、それぞれの職業を配置した空間のことを社会空間といい、それぞれの趣味を配置した空間を生活様式空間と呼ぶ。(2) 図６－１はその二つの空間を重ね合わせているという意味で「社会的位置空間と生活様式空間」なのである。本章で「生活様式空間の構築」という場合、このように各項目間の関係を示した二次元の図を想定している。

（多重）対応分析では軸を解釈することも重要になってくる。この図の場合、縦軸は「資本量」を示しており、上にいくほどさまざまな資本の総和が大きくなると解釈されている。それに対して、横軸は資本の構成を示しており、右に行くほど経済資本のウエイトが高くなる一方、文化資本のウエイトが低くなり、左に行くほどその逆の傾向を示す。例えば、「単純労働者」に比べて、「商業経営者」や「高等教育教授」は資本の総量が豊富である。しかし、「商業経営者」と「高等教育教授」は資本量という点で同程度であっても、資本の構成という点では対照的（＝左と右）である。すなわち、「商業経営者」は文化資本よりも経済資本のウエイトが高く、「高等教育教授」は経済資本よりも文化資本のウエイトが高いのである。

このように（多重）対応分析の結果から、ブルデューは、当時のフランス社会が決して経済資本のやりとりだけで成り立っているのではなく、別の資本、すなわち文化資本が重要な役割を果たしていること、そして、双方を含めた資本量と資本の構成によって、人々の社会的位置をより正確に描き出せることを示した。(3) つまり、ブルデューは、（多重）対応分析をはじめとするさまざまなデータ分析の結果を考察するなかで、文化資本という概念を練り上げたのである。

それに対して日本の教育社会学では、こういったブルデューの研究に依拠し、文化資本概念を操作的に定義することによって、日本社会の分析に適用してきた。その典型例として、『調査報告「学力格差」の実態』（志水ほか 二〇一四）を挙げることができる。この研究では、保護者に対する質問紙のなかから「本や新聞を読むようにすすめている」「読んだ本の感想を話し合ったりしている」「小さい頃、絵本の読み聞かせをした」「英語や外国の文化に触れるよう意識している」という四項目の合計と母親の教育年数を主成分分析という統計的処理によって合成した尺度を文化資本として定義し、それと学力との関係を探っている。それによると、文化資本が学力に与える影響力は、経済資本（＝世帯年収）や社会関係資本（「子どもと勉強や成績のことについて話をする」「地域の行事に子どもと一緒に参加する」などを合算した変数であり、学校・家庭・地域における人と人とのつながりを示す）よりも強いという。この研究に典型的に示されるように、日本の教育社会学における学力研究では、文化資本と学力の関係を探る場合、文化資本と想定される特定の変数を合算して得点化し、それと学力の関係を回帰分析という手法で分析する傾向にあった。これらの研究は、学力格差が経済的な次元だけでは説明できないこと、そしてそれを文化的次元に着目することで一定程度説明できることを明らかにした点で大きな意義を有している(4)。

しかし他方で、特定の質問項目を合算し、それを文化資本として定義するような適用の仕方は、ブルデューによる「文化資本」概念の使い方とはかけ離れてしまっているという批判もある。例えば、ブルデューの研究を学説史的な観点から検討した磯直樹は、「文化資本とは何かと問うことにはあまり意味がない」(磯 二〇二〇：二一七)と述べ、文化資本に内容的な定義を与えることを批判する。磯によれば、「文化資本」を資本ならしめるのはむしろ「界」の特性であるという。「界」を端的に説明するとしたら次のようになるだろう。界とは人々が闘争する空間である。その闘争を有利にすすめるためには、そこで機能している資本を有している量やその闘争の規則をどれだけ身につけているかが重要になる。日本の教育界を例に考えるならば、そこで有利な地位を得るためには、高い学力や学校に適応できる力を身につけられているかが重要になるはずだ(厳密な方法で確認しなければその妥当性は担保されないが、それはここではおいておく)。他方、高い学力や学校に適応できる力というのは、教育界以外の空間、例えば政治界や文学界ではそれほど重要視されない。その意味で、高い学力や学校に適応できる力を資本ならしめているのが教育界の特性であり、教育界がなければ、高い学力や学校に適応できる力は資本たりえない。この磯の解釈は、ブルデュー自身が「ハビトゥス、界、資本のような概念は、孤立した状態ではなく、それらがつくりあげる理論体系の内部でのみ定義できる」(Bourdieu & Wacquant 1992＝二〇〇七：一三〇)と述べていることとも符合する(5)。

このような批判をふまえれば、文化資本を特定の質問項目から操作的・実体的に定義しようとする志向は確かに問題を孕んでいる[(6)]。そして、そこからブルデューの研究を日本社会に適用する際の方針が浮かび上がってくる。それを筆者なりに整理すれば、次のようになるだろう。

第一に、文化資本に内容的な定義を演繹的に与えて、質問項目によって操作的定義を行うことは避けなければならない。先に見たように、学力研究では頻繁に行われてきたことであるが、資本が資本たりえる空間(界)の構築と切り離して文化資本を定義することはできない。

第二に、そうした空間の構築を行う際には、(多重)対応分析を用いることができる。ブルデューの言葉を借りれば、「直接的決定という単純な次元構造しか知らない線的思考とは縁を切り、各要因のうちに宿っている錯綜した関係の網を再構築することに専念」(Bourdieu 1979=一九九〇:一六六)しなければならないということである。

第三に、(多重)対応分析によって導き出された軸や変数間および個人間の距離から、人々が置かれた位置や関係性、その関係性を規定する諸力の分析をしなければならない。このような手順をふむことによって、ブルデューが提起した概念(資本や界、ハビトゥスなど)からそのポテンシャルを最大限に引き出すことができるように思われる。

もっとも、このような方針に合致する研究も近年は登場している(片岡 二〇一九、磯 二〇二一、近藤 二〇一二など)。教育に特化したそのような研究はそれほど多くないものの、国内の研究としては、社会空間の構築を試みた近藤(二〇一二)と子育て活動の空間の構築を試みた川口(二〇一九、二〇二〇)がある。これらの研究を手がかりにし、本章では、その分析を子どもの生活様式に適用してみたい。子どもの学力は、これまでの教育社会学的研究が明らかにしたように、社会階層あるいは家庭背景の影響を強く受ける（例えば松岡 二〇一九）。社会階層や家庭背景は、子どもの学力に直接影響を与えているというよりも、子どもの行動や生活のあり方を媒介して、間接的に影響を与えていると考えるのが自然である。そこで本章では、子どもの生活様式空間を構築し、それと家庭背景や性別との対応関係を分析していきたい。具体的な手順としては、以下三つの検討課題に基づいて分析を進めていく。

①子どもの生活様式空間は、どのような構造を有しているのか。
②子どもの生活様式空間は、外部の力（家庭背景や性別など）とどのような対応関係にあるのか。
③生活様式空間の位置の違いによって子どもを分類したとき、その間にはどのような差異が確認されるのか。

3　子どもの生活様式空間の構築に使用する変数

以下、本書全体で使用している西日本の自治体いろは市の調査データをもとに分析を行う。調査データについては、ⅴ頁の「調査の概要」を参照してほしい。

子どもの生活様式空間を構築するために使用する主な変数は、表6－1の通りである。学校に関する変数に偏っているが、実際に子どもたちの生活に占める学校のウエイトの大きさを考えると、それほど問題ではないだろう。変数を選出する際に気をつけた点は、①親ではなく子どもの意識や行動を

表 6-1　子どもの生活様式空間の構築に使用する変数

質問項目の内容	カテゴリー区別と表示ラベル
あなたの家には，次のものがありますか	
自分のコンピュータまたはタブレット	PC○｜×
あなたは，おけいこや学校外のクラブに通っていますか	
音楽	音楽○｜×
習字	習字○｜×
そろばん	そろばん○｜×
スポーツ	スポーツ○｜×
バレエ・ダンス	バレエ・ダンス○｜×
英語	英語○｜×
何もしていない	習い事あり｜なし
あなたの家では，1 週間のうち，次のことがどのくらいありますか	
読んだ本(マンガや雑誌はのぞきます)の内容についてお家の人と話をする	本の会話○｜×
去年 1 年間をふりかえって，あなたの家では，次のことがどのくらいありましたか	
お家の人に博物館や美術館に連れていってもらった	博物館・美術館○｜△｜×
お家の人にミュージカルやクラシックコンサートに連れていってもらった	クラシック○｜×
お家の人に国内旅行に連れていってもらった	国内旅行○｜△｜×
お家の人に海外旅行に連れていってもらった	海外旅行○｜×
ふだんのあなた自身のことについてお聞きします	
授業中は，自分がやることに集中している	集中○｜△｜×
ルールや順番を守っている	遵守○｜×
自分の部屋やつくえのまわりが散らかっている	散らかり○｜△｜×
宿題を終わらせてから，遊ぶようにしている	宿題○｜△｜×
やらないといけないことはきちんとやる	きちんと○｜△｜×
去年 1 年間をふりかえって，次のことがどのくらいありましたか	
授業で必要なものを忘れた	忘れ物○｜×
他の子たちが話をしているときに，その子たちのじゃまをした	じゃま○｜×
何かからんぼうなことを言った	乱暴○｜×
つくえや部屋が散らかっていたので，必要なものを見つけることができなかった	散乱○｜×
家や学校で，頭にきて人やものにあたった	暴力○｜×
先生が言っていたことを思い出せなかった	物忘れ○｜△｜×
きちんと話を聞かないといけないときにぼんやりしていた	ぼんやり○｜×
イライラして，先生やお家の人に口答えをした	口答え○｜×
あなたは，どこかの中学校を受験しようと思っていますか	中学受験○｜△｜×
あなたは将来，どの学校まで進みたいと思いますか	中高｜短大専門｜大学｜未定
普段，何時ごろに寝ますか	就寝＋｜△｜－
普段，1 日当たりどれくらいの時間，テレビやビデオ・DVD を見たり，聞いたりしますか	テレビ＋｜△｜－
普段，1 日当たりどれくらいの時間，テレビゲームをしますか	ゲーム＋｜△｜－
普段，1 日当たりどれくらいの時間，携帯電話やスマートフォンを使いますか	スマホ＋｜△｜－
学校の授業以外に，普段，1 日当たり，どれくらいの時間，勉強をしますか	平日勉強＋｜△｜－
土曜日や日曜日等学校が休みの日に，1 日当たりどれくらいの時間，勉強をしますか	休日勉強＋｜△｜－
学習塾で勉強をしていますか	塾○｜×
学校の授業時間以外に，普段，1 日当たりどれくらいの時間，読書をしますか	読書＋｜△｜－
昼休みや放課後，学校が休みの日に，図書館にどれくらい行きますか	図書館＋｜－
家の人(兄弟姉妹は含みません)と学校での出来事について話をしますか	会話＋｜－
家の手伝いをしていますか	手伝い＋｜△｜－
学校にいくのは楽しいと思う	学校楽しい＋｜－
友達に会うのは楽しい	友達楽しい＋｜－
今住んでいる地域の行事に参加している	地域行事＋｜－
地域社会などでボランティア活動に参加していますか	ボランティア○｜×
地域や社会で起こっている問題や出来事に関心がある	社会への関心＋｜△｜－
新聞を読んでいますか	新聞○｜×
テレビのニュース番組やインターネットのニュースを見ますか	ニュース○｜×
国語の学力	国語 4｜3｜2｜1
算数の学力	算数 4｜3｜2｜1

示していること、②回答が極端に少数（当てはまるケースが一〇%以下）になっていないことである。これらの基準に照らして選出した変数を、できるだけ均等に分かれるようにカテゴリー化して（表中の「カテゴリー区別と表示ラベル」）、分析をした。最終的に対象となるのは、四八変数、一一九カテゴリーである。

四年生でも五年生でも類似の分析結果になったため、ここでは保護者への質問紙調査も同時に行っている四年生の分析結果を示す(7)。以下では、表6-1に示された変数を使って子どもの生活様式空間を構築し、そこに追加変数（supplementary variable）として、子ども自身の性別、世帯年収、母親の学歴をプロットしていくことで、子どもの生活様式空間がどのような力学によって規定されているのかを考察していく。

4　子どもの生活様式空間とそれの背景にある力学

4.1　子どもの生活様式空間

まず、表6-1に示した変数に多重対応分析を行うことによって、子どもの生活様式空間を構築しよう。表6-1に示された変数を使って多重対応分析を行った結果が、図6-2である(8)。すべての変数のラベルを図に示すとあまりにも煩雑になってしまうため、ここでは、一軸あるいは二軸に影響を与えている上位三分の一の変数に限ってラベルを示した。一軸に影響を与えている変数にはラベルの横に[1]を、二軸に影響を与えている変数には[2]を記している。

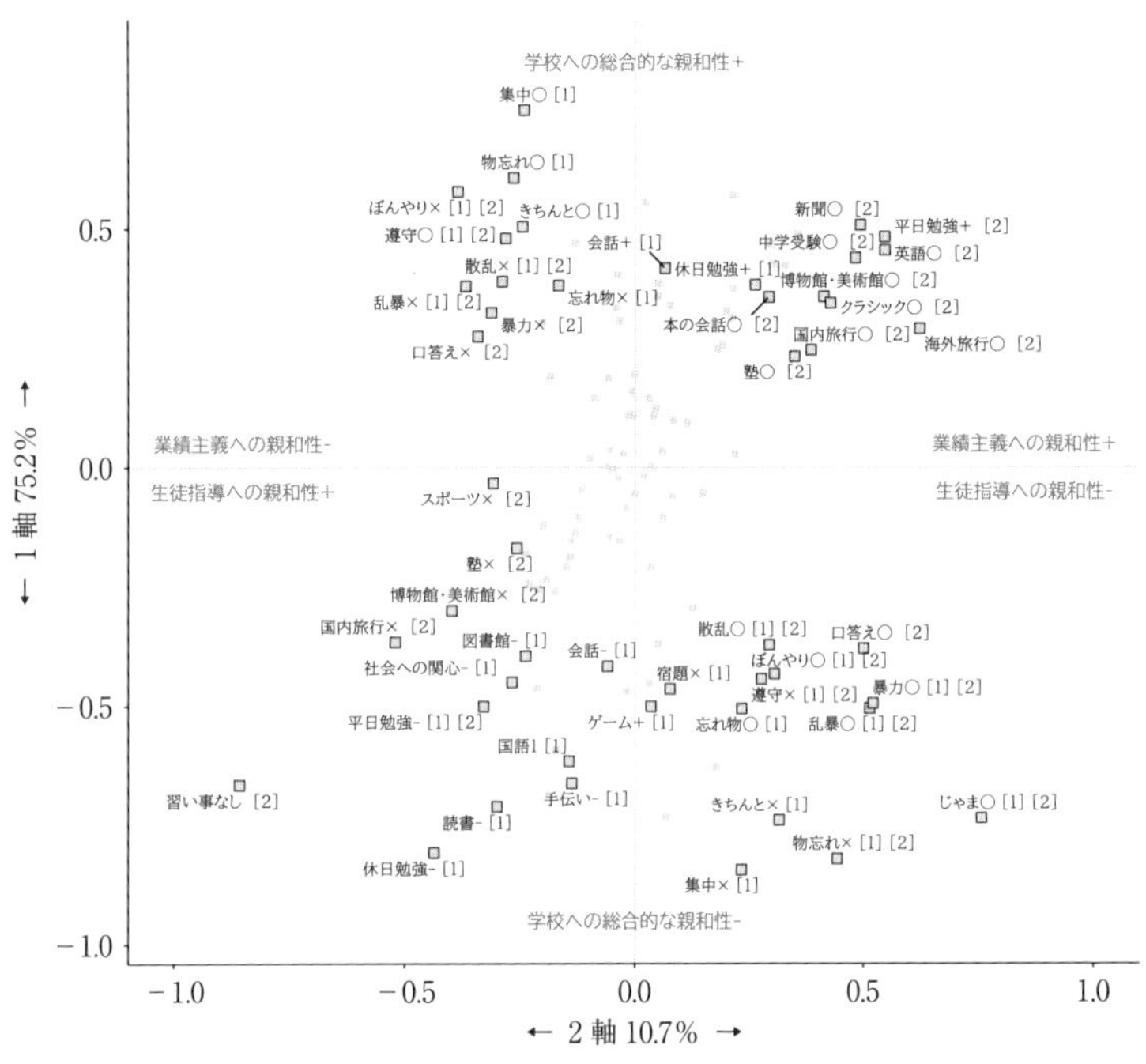

図 6-2　子どもの生活様式空間

それぞれの軸が、全体の分散（子どもの回答パターンのばらつき）をどの程度説明しているのか、すなわち分散率を確認する。一軸の分散率（ベンゼクリの修正分散率）は七五・二％、二軸は一〇・七％である。これは、一軸だけで子どもたちの違いを七五％程度説明できることを意味し、二軸を合わせると（七五・二％＋一〇・七％）、九割近くの説明ができることになる。つまり、いろは市内の子どもたちの多様性（正確に言えば、質問項目への回答パターン）は、この図でかなりの程度表現できているということだ。

次に、一軸、二軸がそれぞれ何を意味する軸なのかを考えたい。一軸の意味を解釈するには、どのように各変数が上下に分布しているのか、そして、どのような変数に「1」というラベルが貼られているのかに注目すればよい。上部にある変数のうち［１］がついているものを確認すると、学校での授業態度や親への態度が肯定的であることを示す「集中〇」や「物忘れ〇」、「休日勉強＋」といった変数が並んでいる。他方、同じように下部に着目すると、「集中×」、「きちんと×」、「休日勉強－」といった変数が並んでいる。これらのことから、一軸は学校に対する総合的な親和性、つまり、上にいくほど学校に親和的になり、下にいくほど学校と距離が遠くなるということを示していると解釈できる。

それでは二軸はどうだろうか。まず右にある変数のうち［２］がついているものを確認すると、「海外旅行〇」や「クラシック〇」、「塾〇」といった変数が並んでいる。それだけでなく、右下の方に「じゃま〇」や「口答え〇」、「暴力〇」といった変数があるのが興味深い。というのも、右上の変数群は学校への親和性を高めるものである一方、右下の変数群は学校への親和性の低さを示すものであるように解釈できるが、二軸は、それらが両立することを示すものであるからだ。

左側に着目すると、「習い事なし」や「国内旅行×」、「博物館・美術館×」といった変数とともに、上部には「口答え×」や「暴力×」が並んでいる。これは右側と好対照をなす変数が並んでいると考えて間違いないだろう。これらの変数の分布から、二軸は学校への親和性の質的な違いを示していると考えられそうである。すなわち、右側にいくと、海外旅行や博物館・美術館、クラシック、塾といった、いかにも学校の業績（学力や成績）をめぐる競争で有利に働くような変数と、学校の生徒指導に対してネガティブに働きうる行動を示す変数が並んでおり、左側には、それらとは逆のことを意味する変数が並んでいる。このように考えるならば、二軸は、学校への親和性の質が、業績主義的な親和性なのか生徒指導的な親和性なのかということを示していると考えることができる。以下では、これらのことをふまえ、左の極を生徒指導＋／業績主義－、右の極を生徒指導－／業績主義＋と表現したい。

以上の検討から、子どもの生活様式空間は、第一に学校に対して親和的かどうか（一軸）によって、そして第二にその親和性が業績主義的なものか生徒指導的なものか（二軸）によって構造化されていると言えるだろう。(9)

4.2 子どもの生活様式空間と社会的背景――追加変数による分析

次に、子どもの生活様式が、どのような社会的背景と関わっているのかを分析しよう。多重対応分析では、社会的背景に関する変数を追加処理することで、先の空間にどのような社会的属性の子どもたちがどのように分布しているのかを確認することができる。ここでは、子どもの性別、家庭の経済的状況、母親の学歴という三つの変数を追加処理して、社会的背景と生活様式空間との関係を探ってみよう。(10)

図６-２で示した生活様式空間に、子どもの性別、世帯年収、母親の学歴のそれぞれがどのように分布しているのかを示したのが図６-３である。図６-３を見ると、母親の学歴と世帯年収の分布の重なりが大きく、それらの地位が上がるにつれて、左下から右上に並んでいる。これは図６-２の右上がりに並んでいる変数が、子どもの家庭背景と重なっていることを示しており、ある意味では当然の結果である。ただし、重なっているとはいえ、より細かく区切られている世帯年収の動きは興味深

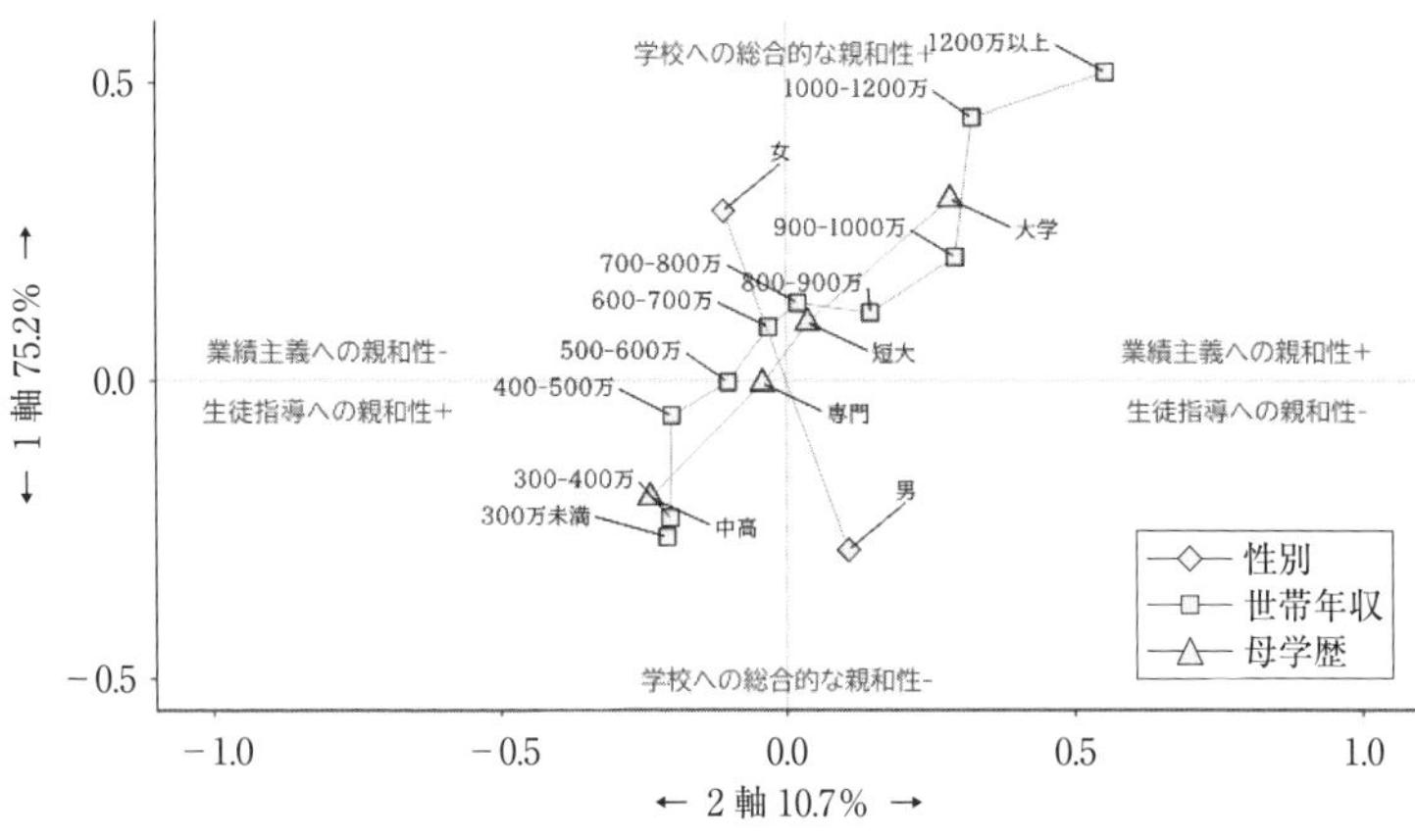

図6-3　子どもの生活様式空間（性別・世帯年収・母学歴）

い。「三〇〇万未満」から「四〇〇～五〇〇万」にかけては、上下（つまり、一軸に沿って）に動き、左右にはあまり変化がない。それに対して、「四〇〇～五〇〇万」から「九〇〇～一〇〇〇万」にかけては、上下にも変動しているが、どちらかというと左右（つまり、二軸に沿って）に動いていく。このことは、世帯収入が相対的に低い層（「三〇〇万未満」～「四〇〇～五〇〇万」は三七・九％）では、所得が上がるにつれて、学校への総合的な親和性が高まるが、左右に動くことはなく、どちらかといえば、それは生徒指導への親和性の高まりによって説明できると考えられる。他方、中間層以上では、所得が高くなるほど親和性が高くなると同時に、その質が業績主義的な親和性によって構成されるものへと変化していくことを示している。

世帯年収および母親の学歴と交差する形で分布しているのが、子どもの性別である。女子の方が男子よりも高い位置にあることからわかるように、そもそも女子の方が学校への総合的な親和性が高い。上下の違いに比べると左右の差異はわずかではあるが、女子の方がやや左にある。つまり、どちらかと言えば女子の場合には生徒指導への親和性に偏り、男子の場合には業績主義的な親和性が高い方へ偏る傾向があることを示している。

以上の分析から、子どもの生活様式と社会的背景との間に対応関係があることは明らかである。大まかな傾向としては、世帯年収や母親の学歴が高くなるほど学校への総合的な親和性が高まり、また、中間層（年収五〇〇万）以上では所得が上がるにつれて生徒指導的な親和性から業績主義的な親和性へ寄っていく。他方、性別では、女子の方が男子よりも学校への総合的な親和性が高く、また、どちらかといえば生徒指導への親和性が高いと言えるだろう。

4.3 生活様式ごとにみる子どもたちの差異――階層的クラスター化による分析

図６－３はあくまで平均的な位置を示したものであり、当然のことながら、右側に位置する女子もいれば、左側に位置する男子もいる。また、世帯所得が低い家庭の子どもが上部に位置づいていることもある。多重対応分析では、構築した空間に個人を配置できる。読み取り方は変数と同様で、同質性が高いと近くに、低いと遠くに配置される。このことを利用して、一軸と二軸の個人スコアをもとに子どもを分類してみよう。子どもの分類には、近いケース同士をまとめる際に使われるクラスター分析を用いる。クラスター分析とは、簡単に言えば似たもの同士をまとめていく方法で、本章の分析に即して言うなら、図６－２に分布する個人を、近い／遠いという基準でグループにまとめていく方法である。

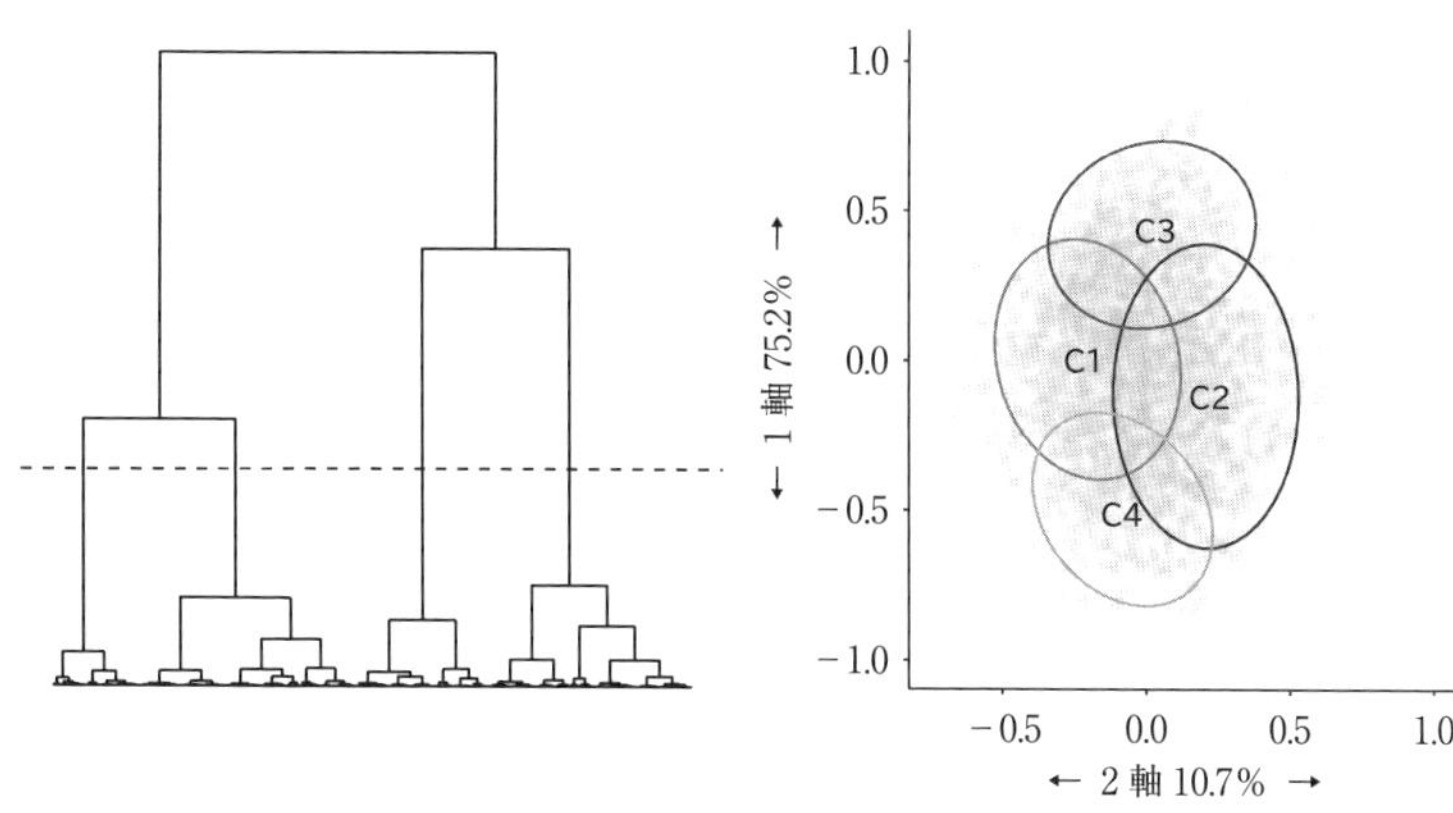

図6-4　クラスター分析の結果

具体的には一軸と二軸における個人の得点に対して、ユークリッド距離を算出し、ウォード法に基づいた階層的クラスター分析を行った。この方法は対象間の距離を求めて、その距離の近い対象を段階的にクラスにまとめていくもので、図6-4(左)は、諸個人がまとめられていく様子を表した樹形図である。図からはクラスが四つになった段階がちょうど全体の散らばりをうまく表現できるように考えられるため(図内の点線部分)、以下では、四つのクラスにグループ化してその差異をみていく。図6-4(右)は、クラスター分析で得られたC1からC4のクラスの分布状況を確率楕円(要素の九五%を包含)で示したものである。図の一軸に着目してクラス間の分布を見ると、C3が最も高く、中間にC1とC2があり、C4が低く位置付けられている。これは学校への親和性がC3>C1≒C2>C4の順になっているということである。一軸でほぼ同じ位置にあるC1とC2は、二軸によって分化しており、C1は生徒指導＋/業績主義－の親和性を、C2は生徒指導－/業績主義＋の親和性をそれぞれ有している。

表 6-2　クラスごとの特徴(子どもへの質問紙)

	C1	C2	C3	C4
N(4 年／5 年／6 年)	1,644/1,194/1,486	1,527/1,079/1,361	997/688/875	647/479/605
性別(女子／男子)	54.8/45.2	41.5/58.5	66.7/33.3	29.0/71.0
		学校生活		
先生が言っていたことを思い出せなかった				
月 1 回以上	52.9/55.1/58.6	79.5/71.2/71.9	31.5/36.1/42.8	89.4/82.3/82.0
きちんと話をきかないといけないときにぼんやりしていた				
月 1 回以上	40.0/51.3/56.7	81.8/71.6/73.7	23.9/34.9/49.5	87.4/81.2/82.8
ほかの子たちが話をしているときに，その子たちのじゃまをした				
月 1 回以上	5.8/11.7/13.1	39.4/27.2/27.1	3.6/7.2/10.6	33.7/26.8/31.2
何からんぼうなことを言った				
月 1 回以上	20.7/34.5/42.0	71.6/59.7/63.7	16.1/29.2/35.4	65.5/61.4/63.4
家や学校で，頭にきて人やものにあたった				
月 1 回以上	20.2/28.7/28.9	63.3/48.2/46.3	15.2/24.0/26.9	60.8/52.2/49.7
授業中は，自分がやることに集中している				
あてはまる＋少しあてはまる	84.7/83.7/81.5	70.4/73.4/71.8	96.9/94.2/90.4	48.2/54.8/56.5
		家庭生活		
習い事				
塾	16.3/19.9/24.5	28.4/35.7/40.7	30.3/40.1/44.9	11.5/12.5/14.8
何もしていない	18.4/17.3/19.3	4.2/6.3/6.7	1.8/3.1/4.0	32.2/29.3/32.6
お家の人に国内旅行に連れていってもらった				
1 年に 1 回以上	66.1/75.4/77.0	86.4/85.6/86.0	86.6/90.3/90.3	50.9/67.4/67.1
お家の人にミュージカルやクラシックコンサートに連れていってもらった				
1 年に 1 回以上	21.2/28.9/29.7	44.5/44.1/42.2	56.9/55.3/52.7	14.5/17.5/20.0
		進路と学力		
あなたはどこかの中学校を受験しようと思っていますか				
はい	13.3/13.0/8.9	29.0/23.9/15.8	40.3/27.0/22.0	8.5/14.2/8.7
あなたは，将来，どの学校まで進みたいと思いますか				
中学校・高校まで	13.9/12.1/12.6	12.7/12.1/11.1	4.0/5.6/4.5	25.5/24.9/24.7
専門・短大まで	15.6/20.9/19.5	19.1/19.4/17.4	18.6/16.8/14.8	11.6/15.4/15.0
大学以上	30.3/28.6/32.6	41.0/42.9/43.8	58.3/56.6/57.9	15.7/20.9/19.2
まだきめていない	40.1/38.5/35.4	27.3/25.5/27.7	19.1/21.0/22.7	47.2/38.8/41.1
学力				
国語の点数(偏差値化)	49.7/49.3/49.4	50.9/50.5/50.4	55.5/55.0/55.0	43.5/43.4/43.5
算数の点数(偏差値化)	49.4/49.2/48.8	51.1/50.4/50.6	54.9/54.5/54.5	44.6/44.1/44.7

※4 年生時点／5 年生時点／6 年生時点の数値を示している．なお，学力は平均，その他の項目は割合(%)．

表６‐２は、一軸あるいは二軸への寄与が高い質問項目への回答結果を、各クラス別に示したものである。学年が四年から六年に上がるにつれて、回答傾向がどのように推移するのかも示している。当然ではあるが、表６‐２はこれまでの分析と重なる結果となっている。すなわち、Ｃ３は他のクラスに比べて、「先生が言っていたことを思い出せなかった」のように学校生活でのネガティブな行動を示す項目において肯定的な割合が最も低く、「塾」に通っている割合や「国内旅行に連れていってもらった」割合が最も高い。「中学受験」を意識し、大学まで進学しようと思っている割合も高く、平均的な学力水準も最も高い。このクラスは七割近くが女子であるという点でも特徴的である。対照的に、Ｃ４は学校生活においてネガティブな行動を示す変数において肯定的な割合が最も高く、「塾」に通っている割合や「国内旅行に連れていってもらった」割合が最も低い。平均的な学力水準が他のクラスに比べて最も低く、七割が男子である。そして、その中間に位置するのが、Ｃ１とＣ２である。Ｃ１は、学校生活に関する項目ではＣ３に近いが、家庭生活に関する項目ではどちらかと言えばＣ４に近い。それに対してＣ２は学校生活に関する項目ではＣ４に近く、家庭生活に関する項目ではＣ３に近い。Ｃ１とＣ２は学力という点ではそこまで大きな違いはないが、学校生活と家庭生活において両者は大きく異なっているのである。

それぞれのクラスが、学年が上がるにつれてどのように変化するのかに目を向けてみよう。とくに変化がみられるのは、学校生活に関する項目である。「授業中は、自分がやることに集中している」という項目を除き、全ての項目においてＣ２の割合が低下している。これらの項目は学校でのネガティブな行動を示すものだから、Ｃ２の子どもたちは学年が上がるにつれて、学校の求める行動規範に適合的な方向へ変化していると考えていいだろう。C2ほどではないが、C4もどちらかといえば同様の傾向がみてとれる。他方、相対的に生徒指導への親和性が高いC1とC3は、学年が進行するにつれてネガティブに評価される行動が目立つようになる。これらの結果は、学校生活における行動のクラスごとの差異は、学年が上がるにつれて小さくなっていくと解釈してよいだろう。ただし、通塾率の格差は小四よりも小六の方が大きくなっており、また、学力は学年に関わらず一定の格差を維持している。学校生活面での差異は小さくなるが、それが必ずしも学力格差の縮小を意味するのではないことには注意が必要である。

各クラスの違いは、親の社会経済的地位とどのように対応しているのであろうか。表6-2に示された「国内旅行」や「ミュージカルやクラシックコンサート」にいく頻度からそれを推察することができるが、今回の調査では保護者への質問紙調査も行っている。そこで、保護者の回答から、各クラスの違いをもう少し詳しくみてみよう。

表6-3は、クラスごとに保護者の回答結果を示したものである。表6-3をみると、親の最終学歴や世帯年収で最も恵まれているのはC3で、C2、C1、C4と続く。本が「一〇〇冊以上」ある割合や、学校外教育費が「一万円以上」の割合も同様の傾向がある。親の出身地については、クラスごとの差異はそれほど大きくないようである。このようにみると、子どもの生活様式が家庭背景と密接に関わっていることは明らかである。

ちなみに、川口(二〇二〇)を参考にすれば、子育てに対する総合的な活発さとは別に、その子育ての様式が学校・地域志向か非学校・地域志向かに分化する。今回の分析は川口(二〇二〇)と同様のデ

表 6-3　クラスごとの特徴(保護者への質問紙)

	C1	C2	C3	C4
回収率	83.5%	83.5%	87.4%	73.7%
父親の最終学歴				
大卒以上	46.8%	56.7%	65.8%	41.3%
母親の最終学歴				
大卒以上	18.6%	29.5%	35.5%	11.4%
世帯年収				
300 万円未満	12.7%	9.9%	6.4%	19.7%
900 万円以上	13.3%	23.4%	31.6%	8.8%
ひとり親				
ひとり親・親不在	12.8%	11.5%	9.7%	21.3%
母親の就業形態				
常勤	16.9%	20.3%	18.7%	19.9%
無職	25.0%	23.2%	27.9%	20.4%
父親の職種				
専門・管理	41.0%	51.9%	55.2%	43.2%
父親の出身地方				
市内	38.6%	37.0%	35.3%	41.0%
県内	20.3%	20.7%	23.9%	23.4%
その他	41.1%	42.2%	40.9%	35.6%
母親の出身地方				
市内	37.2%	34.5%	34.0%	39.3%
県内	23.8%	23.7%	21.5%	22.3%
その他	39.0%	41.8%	44.5%	38.4%
あなたの家にはおおよそどのくらい本がありますか				
100 冊以上	20.3%	27.4%	34.8%	12.2%
学校以外の教育にかける 1 カ月あたりの平均の支出はどれくらいですか				
支出なし	15.0%	4.9%	2.7%	27.3%
1 万円未満	44.9%	36.3%	30.2%	42.8%
1 万円以上	40.1%	58.8%	67.1%	29.8%
お子さんにどの段階の学校まで進んでほしいと思っていますか				
大学以上	61.3%	75.1%	82.2%	58.0%
お子さんは私立中学校や国立中学校，公立中高一貫校を受ける予定ですか				
受ける	3.9%	8.5%	13.5%	3.6%
学級懇談・学年懇談への参加				
よくする	37.1%	41.3%	47.9%	32.5%
地域の行事にお子さんと一緒に参加していますか				
よく参加している	24.1%	29.3%	29.7%	24.6%

ータを使用しているので、表6-3に「学級懇談・学年懇談」および「地域の行事」への参加の頻度も示したが、「学級懇談・学年懇談」については、C1とC4、そしてC2とC3が類似するという他の変数と同じ結果になり、「地域の行事」にはそもそもクラスごとの差異は見られなかった。

以上をまとめると、各クラスは次のように特徴づけることができる。C1は、相対的に家庭の社会的地位が低く、女子の割合が高い。学校生活に順応しているが、「専門・短大まで」進学すると考えている割合が相対的に高く、塾に通っている割合は低い。C2は社会的地位の高い方の家庭出身の子どもが多く、男子の割合が高い。「大学以上」の学歴を取得したいと考えている割合が一番目に高く、塾に通っている割合も高い。しかし、学校の教師や親に反抗的な態度をとることもしばしばである。C3は家庭の社会的地位が相対的に高いという点ではC2と似ているが、女子の割合が高く、「大学以上」に進学したいと考えている割合、塾に通っている割合がともに最も高い。最も学校に親和的なクラスである。そしてC4は、相対的に低い社会的地位の出身者が多く、また、男子の割合が高い。塾や習い事に通っていない割合が最も高く、学力も低い。そして、学校生活でも課題を抱えているようである。

このようなクラスごとの分析から浮かび上がってくるのは、学校でうまくやっていく経路が複数あるという可能性である。C1とC2の差異がそれを象徴している。すなわち、C1とC2は学力という点ではほぼ同水準にあるが、C1はルールの遵守や生徒指導への順応という学校内の資源を通じて学力を身につけているのに対して、C2は業績主義への接近によって学力を身につけていると考えられる(11)。もちろん、C3やC4の存在を考慮に入れれば一軸の存在感は大きいが、中間層としてのC1

とＣ２の存在は、二軸を無視してはならないことを示唆している。学校生活におけるクラス間の差異は縮小することが表６－２から示唆されたが、それは学力格差の縮小をともなったものではない。さらに、中学校に上がると、その様相はまた変わってくる可能性がある。

５　結　論――生徒指導への順応と業績主義への順応

本章では、ブルデューの研究を手がかりにして、子どもの生活様式空間を分析してきた。その結果、子どもの生活様式空間を、学校への総合的な親和性を意味する一軸と、学校制度への親和性の質的分化（生徒指導への親和性のウエイトが大きいか業績主義への親和性のウエイトが大きいか）を示す二軸によって描けることが明らかとなった。そして、生活様式空間における子どもの位置は、その社会的背景と対応していた。子どもの家庭背景が恵まれたものになるほど、学校への総合的な親和性が高くなり、また、生徒指導－／業績主義＋の極へ寄っていく。そして男子よりも女子の方が学校への総合的な親和性が高く、どちらかといえば女子の方が生徒指導＋／業績主義－の極に寄っていた。これは、子どもの生活様式が親の社会空間上の位置と対応関係にあることを示唆する結果である。

さらに、クラスター分析を使って子どもたちをグルーピングし、学力をはじめとする諸変数によってクラス間の差異をみていくと、二軸による分化は中間層において顕著であることが明らかとなった。すなわち、生徒指導への順応によって学力を形成している層（Ｃ１）と、業績主義への順応によって学力を形成している層（Ｃ２）の分化である。前者は女子および家庭の社会的地位が低い子どもの割合が高く、後者は男子および家庭背景の社会的地位が高い子どもの割合が高い。このことは、とりわけ中間層においては、学力形成の経路が、学校内の資源への依存と学校外の資源への依存という二つに分化していることを示唆している。

それでは、本章で見出された知見は、学力と文化資本をめぐる議論に対してどのような示唆を有しているであろうか。最も興味深い知見は、学校への親和性が生徒指導+／業績主義−と生徒指導−／業績主義+という極に分化するという二軸の存在であろう。なぜなら、これまでの研究では、家庭の社会的地位が高いほど学校文化への親和性が高まると想定されていたが、その想定に疑問を投げかけるものだからだ。確かに世帯年収や母親の学歴が高まると学校への親和性は高くなるが、とりわけ男子においては、その親和性の内実は業績主義への接近であって、生徒指導に従順になることを意味しない。逆に、世帯年収や母親の学歴が低くても学校への親和性が高い子どもたちも存在するが(特に女子)、その親和性は生徒指導への従順性を意味するものであって、業績主義と結びついたものではない。このことは、これまでの教育社会学的研究で文化資本の指標とされてきた項目では、多面的でありうる学校への親和性を一面的にしか捉えられないということを意味している。

見方を変えれば、このような二軸の存在は学校文化の相対的自律性を示しているともいえよう。教育社会学では、学校は正統文化の正統性を再生産する装置として捉えられてきた。だからこそ、正統とされる文化を有する子どもは学校で成功を収めるのだ、と。このような説明は、教科書で取り上げられる文学作品やクラシック音楽などを念頭に置くと確かに説得的なものであるが、他方で、現実の学校は、正統文化とは異なる相対的に自律した文化を有しているとも考えられる。とりわけ校則や部活動に象徴される日本の学校に特有な生徒指導の存在は、その証左といえよう。この学校文化の相対的自律性を、これまでの学力研究はほとんど看過してきた。しかし、子どもたちの学力と不平等の問題を考えるうえで、そこには重要な論点が潜んでいるように思われる。

例えば、小学校でエスノグラフィーを行った金子（一九九九）は、教師による評価基準の提示方法およびテストの成績によって子どもたちの行動戦略に違いが出てくることを明らかにした。テストで高得点をとる子どもたちは、テストを最重視したうえで、その他の日常生活には取捨選択して取り組む（したたかタイプ）。他方、テストで高得点をとれない子どもたちのなかには、生活領域の日常生活に熱心に取り組むことで自らの居場所を確保しようとする者がいる（代替タイプ）。この研究が示すように、現代の学校はテストの成績やそれにつながる正統文化のみを評価するのではなく、より多面的に子どもたちを評価しているし、子どもたちもそれを認識している。

では、そうなっているからといって、学校は平等な場となったといえるだろうか。そうではないだろう。フランスの学校社会学には「社会認知的誤解」がある（Blanchard & Cayouette-Remblière 2016＝二〇二〇：九九）。「社会認知的誤解」とは、教員による指示のねらい（知識の理解や強化）を理解せずに、指示の目に見える側面（例えば目の前の練習問題を解く）に集中してしまうことである。そして、学校の要求に従うことに満足し、知識を獲得することができてないことを「生徒というメチエ」と呼び、学校が本当に期待するものを理解している「学習者の作業」と区別している。これらの概念によって浮かび上がってくる問題は、学校は知識の理解や強化を重視するために、「生徒というメチエ」を獲得しても学校では最終的に評価されないということ、そして、この「社会認知的誤解」が庶民階級に偏って生じていることである。つまり、表面的には教師のいうことにしたがって作業をしていても、それが社会的不平等の克服につながっていない可能性があるということである。このことをふまえると、本章の分析結果にある生徒指導＋／業績主義－にいる子どもたちや金子(一九九九)の研究に登場する代替タイプの子どもたちは、授業場面で評価されたとしても、結局のところ、それが知識の獲得にはつながっていないかもしれない。そうであるとすれば、学校による社会的不平等の再生産はより隠蔽され巧妙になったとも捉えられる。本章の分析は、まだ小学校段階のものであり、生徒指導＋／業績主義－の極にいる子どもたちがその後どのようになっていくかは分からない。しかし、学習内容が高度化していくにつれて、生徒指導には適応しているが学力は下がっていくことも十分に考えられる。その意味では、学年が上がるにつれて、各クラスの子どもたちがどのようになっていくかに注視する必要があるだろう。

このように考えるならば、正統文化に親和的であることと学校文化に親和的であることは区別しつつ、それらがどのように社会的不平等の再生産と関わっているのかを明らかにしていく必要があるだろう。文化資本概念を操作的に定義し、学力との直線的な相関関係を分析していく方法では、このような論点は看過されてしまう。本章の分析から明らかなように、ブルデューの研究を日本社会の分析に適用する際には、ブルデューがフランス社会とどのように向き合って理論をつくり出してきたのかを考慮することが肝要だと思われる。

注

（1）　ブルデューは、一九六〇年代から一九七〇年代前半にかけては多数のクロス表を示すことで分析結果を呈示していたが、一九七〇年代中頃には対応分析を使うようになり、一九七〇年代後半以降は多重対応分析を多用するようになった（Le Roux & Rouanet 2010＝二〇二一：五―六）。対応分析と多重対応分析の違いは、分析対象となるクロス表が二元クロス表か、それ以上の変数を扱ったクロス表かの違いである（藤本 二〇二〇）。このような時期の変動を考慮して、本章では、ブルデューの研究に言及する際に限って、（多重）対応分析と記している。

（2）　ブルデューの理論において、「社会空間」と「界」は明確な位置付けが与えられているのに対して、「空間」概念（例えば、『ディスタンクシオン』では「生活様式空間」や「食料消費空間」といった言葉が登場する）は理論的な位置付けが曖昧である。生活様式空間を「フランスの文化消費の界」（Hardy 2012：231）として一つの界とみなす考え方もあるが、ここではその判断を留保し、「空間」を「界というほどには外部との境界や内部の規則が明確ではなく、社会空間ほどには全体論的ではないもの」として捉えておく。

（3）　『ディスタンクシオン』では、この（多重）対応分析の結果以外にも、インタビューや写真など多様な素材を対象にした、立体的で膨大な分析を展開していることには注意が必要である。

（4）　「文化資本」に関する指標が使われるようになった背景には、個人情報保護をめぐる社会状況の変化の影響もある。学力研究が盛んに行われるようになった二〇〇〇年代は、社会全体が個人情報の保護に敏感になったことで、子どもに対する質問紙調査で世帯年収や親の学歴に関する質問項目を盛り込むことが難しくなった時代でもある。そのような状況でも、文化資本を測定する質問項目（「家の人に博物館や美術館に連れていってもらったことがある」「小さいとき、家の人に絵本を読んでもらった」など）はかろうじて質問紙に盛り込むことができたので、それによって家庭背景と学力の関連を分析することができた。

（5）　ブルデューの研究において、資本や界と並ぶ重要な概念にハビトゥスがある。ハビトゥスはブルデューの理論体系のなかに時間軸を持ち込む重要な概念であるが、本章では、その論点に立ち入らない。本章で展開する分析の結果とハビトゥスの関係性についての明確化は今後の課題とする。

（6）特定の質問項目から演繹的に文化資本を定義する方法で、日本社会の階層研究にブルデューの理論を適用してきた一人が片岡栄美である。片岡は近年の著作において、自身の研究を自省を込めて振り返り（片岡 二〇一九：九四）、ブルデューの分析に可能な限り忠実にしたがって多重対応分析によって日本社会の生活様式空間を分析している。

（7）四年生を対象に分析を行ったところ、五年生を対象にしたものとほぼ同様の結果が得られた。平成三〇年度から全国学力・学習状況調査の質問項目が大幅に変更されたので、六年生では同様の分析を行うことができなかった。

（8）ここでの分析は、RのFactoMineRパッケージによって行っている。空間構築の際には、度数が少ない「無回答」のカテゴリーを「消極的なカテゴリー（passive category）」として扱う限定多重対応分析（Specific Multiple Correspondence Analysis）を行っている。詳しくは、Le Roux & Rouanet（2010＝二〇二一：八一－八五）を参照。

（9）もっとも、一軸の説明力が七五・二％だったのに対して二軸の説明力が一〇・七％であったことを考えると、二軸の分化を過大評価してはならない。しかし他方で、二軸の分化を意識した変数をもっと多く用意できれば、その説明力は高くなることも考えられる。

（10）父親の学歴ではなく母親の学歴を分析に使用したのは、ひとり親家庭の子どもを含め、できるだけ多くのケースを対象に分析をしたかったからである。また、日本では子育てに関わる時間は圧倒的に母親の方が長いため、相対的に、母親の方が、子どもの生活様式へ影響を与えていると推察されるからでもある。

（11）正確に言えば、C1よりもC2の学力の方がわずかに高い。しかし、今回のデータに含まれていないため検証することはできないが、学校の成績ではC２よりもC１の方が高いかもしれない。なぜなら、C１の方が学校で評価されるふるまいをしている可能性が高いからである。そのように考えれば、学力のわずかな違いは、それ自体が興味深いことである。

参考文献

Blanchard, M. & Cayouette-Remblière, J., 2016, *Sociologie de l'école*, La Découverte(＝二〇二〇、園山大祐監修・田川千尋訳『学校の社会学――フランスの教育制度と社会的不平等』明石書店).

Bourdieu, P., 1979, *La Distinction: critique sociale du jugement*, Les Éditions de Minuit(＝一九九〇、石井洋二郎訳『ディスタンクシオン――社会的判断力批判Ⅰ』藤原書店).

Bourdieu, P., 1994, ***Raisons Pratiques: sur la théorie de l'action***, Éditions du Seuil(＝二〇〇七、加藤晴久ほか訳『実践理性――行動の理論について』藤原書店).

Bourdieu, P. & Wacquant, L., 1992, *An Invitation to Reflexive Sociology*, University of Chicago Press(＝二〇〇七、水島和則訳『リフレクシヴ・ソシオロジーへの招待――ブルデュー、社会学を語る』藤原書店).

藤本一男、二〇二〇、「対応分析は〈関係〉をどのように表現するのか――CA／MCAの基本特性と分析フレームワークとしてのGDA」『津田塾大学紀要』五二、一六九－一八四頁。

Hardy, C., 2012, "Social Space," Grenfell, M. ed., *Pierre Bourdieu: Key Concepts, 2nd Edition*, Acumen.

磯直樹、二〇二〇、『認識と反省性――ピエール・ブルデューの社会学的思考』法政大学出版局。

磯直樹、二〇二一、「新自由主義的性向と文化資本――社会意識空間の構築」『江戸川大学紀要』三一、二八一－二九〇頁。

金子真理子、一九九九、「教室における評価をめぐるダイナミクス――子どもたちの行動戦略と学校適応」『教育社会学研究』六五、六九―八九頁。

苅谷剛彦・志水宏吉編、二〇〇四、『学力の社会学――調査が示す学力の変化と学習の課題』岩波書店。

片岡栄美、二〇一九、『趣味の社会学――文化・階層・ジェンダー』青弓社。

川口俊明、二〇一九、「多重対応分析による子育て空間の分析」志水宏吉監修・川口俊明編『日本と世界の学力格差――国内・国際学力調査の統計分析から』明石書店、一八一―一九七頁。

川口俊明、二〇二〇、「多重対応分析による子育て空間の分析――学校教育に関わる活動に着目して」『家族社会学研究』三二(二)、一五六―一六八頁。

近藤博之、二〇一二、「社会空間と学力の階層差」『教育社会学研究』九〇、一〇一―一二一頁。

Le Roux, B. & Rouanet, H., 2010, *Multiple Correspondence Analysis*, SAGE(=二〇二一、大隅昇・小野裕亮・鳰真紀子訳『多重対応分析』オーム社).

松岡亮二、二〇一九、『教育格差――階層・地域・学歴』ちくま新書。

耳塚寛明・浜野隆・冨士原紀絵編、二〇二一、『学力格差への処方箋――［分析］全国学力・学習状況調査』勁草書房。

志水宏吉・伊佐夏実・知念渉・芝野淳一、二〇一四、『調査報告「学力格差」の実態』岩波ブックレット。

謝辞：本稿の執筆にあたっては、草稿段階で磯直樹氏に有益な助言をいただきました。感謝申し上げます。

第7章　アンケート調査の落とし穴
――客観的な数値データは正しいか

土屋隆裕

1　アンケート調査の結果は正しいか

平成二九年五月に公表された統計改革推進会議の最終取りまとめでは、「政策の改善と統計等データの整備・改善が有機的に連動するサイクル（EBPMサイクル）を構築することが必要」と提言されている[(1)]。主観や経験によって政策を立案するのではなく、客観的な根拠データに基づいて政策を立案するとともに、その効果を見極めることが重要とされているのである。そして、そのためには統計データの充実が欠かせない。

教育政策の分野であれば、児童・生徒の学力や生活・学習習慣、意欲や関心の程度などについての調査データが、重要な根拠資料の一部になろう。学力は学力調査によって調べられることが多く、生活・学習習慣や意欲・関心は自記式調査によって調べられることが多い。ここでいう自記式調査とは、対象者が自ら回答を記録する方式の調査のことであり、一般にアンケート調査とも呼ばれる。回答の記録媒体は従来は紙が主流であったが、今後はパソコンやタブレットなどが多用されていくと考えられる。なお、自記式ではない方式として、調査員が対象者の回答を記録する調査のことは調査員調査と呼ぶ。

自記式調査データが収集・活用されるのは、国や自治体における政策の立案・改善といったマクロなレベルの目的のためだけとは限らない。学校の経営計画の策定や学級における授業改善、児童・生徒指導といったミクロなレベルの目的のためにも、自記式調査データは多く用いられてきたし、今後も収集・活用されていくであろう。

しかしここで改めて考えたいのは、自記式調査であれ調査員調査であれ、そもそも調査データがどの程度実態を正確に反映できているのか、という点である。いわゆるアンケート調査で得られたデータは、どの程度信頼に足るものなのだろうか。もし手元にあるデータが現状を正しく映し出していないのであれば、「客観的な根拠データに基づく政策立案」など画餅に帰することになる。正確性に欠けるデータに基づくことで、むしろ誤った政策に誘導されてしまうおそれもある。

統計調査の世界では、真の実態と、調査によって示された結果との間のズレのことを「誤差」と呼ぶ。もちろん、調査結果は誤差を含まないことが望ましく、仮に含んでいるとしても誤差は可能な限り小さいほどよい。しかし現実のデータには、様々な要因によって、必ずしも小さくはない誤差が含まれている。例えば、ある一つの中学校の生徒しか調査していなければ、その結果は市町村全体や国全体から見れば偏っている可能性が多分にある。低学力の児童・生徒が意識調査を受けなければ、調査結果は実態よりも高学力層の意識を反映することになる。児童・生徒が意識調査で回答欄を間違えたり、回答をとばしてしまったり、問われていることを正しく理解できずに回答したりしていれば、得られた結果をそのまま鵜呑みにするわけにはいかない。回答に疲れた児童・生徒が質問文をよく読まず、いい加減な回答をしていないと保証できるだろうか。

調査データには、このような誤差が必ず含まれていると考えるべきである。誤差がない調査データなどは現実にはあり得ない。そのため、調査結果を見たりデータを分析したりするときは、どのような回答者のデータにどのような誤差がどのくらい含まれているのか見極めなければならない。誤差の影響を勘案しながら、調査データ・結果を見ていくことが肝要である。それでは誤差の大きさはどのように見積もればよいのだろうか。

実は、誤差には大きく分けると二つの種類がある。「標本誤差」と「非標本誤差」である。標本誤差とは、全ての対象者を調査せず、一部の対象者だけを調査し、データを収集することによって生じる誤差のことである。全ての対象者を調査する方法を全数調査あるいは悉皆調査と呼び、標本として抽出した一部の対象者だけを調査する方法を標本調査あるいは抽出調査と呼ぶ。標本誤差とは、標本調査を用いることで生じる誤差のことである。定義に照らせば、全てを調査する全数調査では標本誤差は生じ得ない。また標本調査では、標本誤差の大きさは、標本となる対象者がランダムつまり無作為に選び出されていれば、確率や統計学の理論を用いて数値的に評価することができる。誤差評価の理論的な枠組みがあるため、逆に言えば抽出の方法や抽出される人数を工夫することで、標本誤差の大きさをコントロールできるのである。一般に、抽出される人数を増やせば標本誤差は小さくなり、精緻に設計された大規模な標本調査であれば、標本誤差は無視できる程度にまで小さくすることができる。標本調査で無作為な抽出が推奨されるのは、このように標本誤差を評価・コントロールできることが理由の一つである。

誤差のうち、もう一方の非標本誤差とは、標本抽出以外の要因によって生じるあらゆる誤差のことである。例えば先ほど述べた回答欄の間違い等の記入ミスや無回答、誤解に基づく回答などによる誤差は非標本誤差の例である。他にも、調査票の配布ミスやデータ処理時の誤り等による誤差なども非標本誤差に含まれる。この非標本誤差は、標本調査で生じるのはもちろんのこと、全数調査においても生じるものである。回答欄を間違える生徒は、全数調査であれ、標本調査であれ、ミスを犯すであろう。全数調査であっても、欠席などによって無回答があれば、非標本誤差は生じてしまう。

非標本誤差の大きさは、標本誤差と違って、それを数値的に評価するための理論的な枠組みが十分に整備されているわけではない。非標本誤差を抑えるための方法は現場の経験に委ねられていることも多く、非標本誤差は一般にコントロールすることが難しい。ただし、特に調査票あるいは質問紙の設計・作成方法が結果にどのような影響を与え、誤差を生じさせるのかという点については、多くの研究の積み重ねによって明らかになってきている(Schuman & Presser 1981, Tourangeau et al. 2000, 近藤 二〇一三、土屋 二〇一四、土屋・平井 二〇一七)。そこで本章では、誤差の中でも調査票の設計が原因で生じてしまう非標本誤差の種類や傾向の一端を、全国学力・学習状況調査および本書で用いる「いろは市調査」の結果を使って示したい。今後の自記式調査において、非標本誤差をより小さくするような調査票設計の参考の一助となれば幸いである。

2　よくある調査回答データの歪みとその原因

以下ではまず、調査票の設計によって回答がどのような影響を受け、歪んでしまうのか、具体的にいくつかの例を紹介していこう。

最もよく知られている影響の一つは、回答選択肢の順序効果である。複数の回答選択肢の中から該当するものを選んでもらう回答方式では、選択肢の並び順が回答に影響を与えてしまう。特に、最初の方に示された選択肢ほど選ばれやすい傾向を初頭効果と呼び、最後の方に示された選択肢ほど選ばれやすい傾向を新近効果と呼ぶ。ある選択肢が一覧の中で最初の方に提示され初頭効果が生じると、その選択肢の回答割合は実態よりも高い方へ歪んでしまうのである。選択肢の順序効果は、調査や質問・選択肢の内容、調査票のレイアウト等によって、その程度は様々であるが、ほぼ常に生じるものと考えられている。

また、調査項目の順序効果もよく知られている。これは直前の調査項目への回答がその後の項目への回答に影響を与えてしまうというものである。人は一般に一貫性を保とうとするため、直前の項目への回答を基準として、以降の項目への回答を行う傾向がある。そのため同一の項目であっても、直前の項目が異なれば同じ回答者が異なる回答をする場合がある。

さらに、複数の記述に対して、それぞれ「そう思う」から「そう思わない」まで、あるいは「当てはまる」から「当てはまらない」までといった四段階や五段階の回答選択肢を用いて、評定を繰り返してもらう場合がある。選択肢が表形式で提示されることが多いため、マトリックス形式あるいはグリッド形式などとも呼ばれる。回答者は考えるのが煩わしくなってくると、どの記述に対しても同じ評定の選択肢を選ぶようになってしまう傾向がある。選ばれた選択肢が直線上に並ぶため、そのような傾向の回答者を直線形回答者(straightliner)などと呼ぶ。必ずしも同じ選択肢だけが選ばれて回答が一直線になる場合だけでなく、ジグザグになるように選択肢が選ばれる場合もある。

これらの回答傾向が生じる原因の一つは、「回答労力の最小限化(satisficing)」にあると考えられている(Krosnick & Alwin 1987, Krosnick 1991)。どういうことか、回答に当たって回答者がたどる過程を追いながら見ていこう。回答者は、各調査項目への回答の際に、「認知」「理解」「検索」「判断」「表現」という五つの段階を踏むと考えられている(Dillman et al. 2014)。最初の「認知」とは、自記式調査票の構造・レイアウトがどのようになっており、どの質問に回答すればよいのか認識する段階である。次の「理解」の段階では何が問われているのか質問内容を理解し、「検索」の段階で記憶の中から適切な情報を引き出し、自身の考えをまとめる。「判断」の段階では、問われていることと引き出してきた情報とを照らし合わせて回答を作成し、最後の「表現」の段階では、調査票が要求している形で回答を表現する。

調査票の作成に当たっては、「検索」の段階で間違った情報を引き出してこないよう、正しく「理解」してもらうための説明や表現に気を配る必要があったり、回答を誤りなく「表現」してもらうための回答選択肢の用意が求められる。しかし例えば「理解」が難しい調査内容であれば、回答者によってはその段階には十分な労力をかけずに次の段階へ進んでしまうだろう。また多数の調査項目に回答しているうちに、一つ一つの段階には手間をかけなくなってくるかもしれない。そのように、回答の各段階に十分な労力をかけないことを回答労力の最小限化と呼ぶ。さらに、かける労力が不十分ではあっても、全ての段階を経ていればまだ弱い最小限化であるが、弱い最小限化が続くと、そのうちにいくつかの段階は完全に飛ばしてしまう強い最小限化が生じる。強い最小限化が生じれば、回答は全ての過程を適切に経て引き出されたものではなく、もはや回答に正確性は期待できない。

回答が歪み、誤差が生じる原因の一つは、このような回答労力の最小限化にある。回答選択肢の順序効果は、理屈から考えれば生じるものではない。回答者が自身の情報を正しく検索し、選択肢に照らして正しく判断していれば、選択肢の並び順が変わっても回答は変わり得ないはずである。しかし回答者が「検索」や「判断」などの段階に十分な労力をかけないと、調査票の見た目や選択肢の並び順などの影響を強く受けてしまう。記入ミスが生じるのも、「表現」の段階にかける労力が不足しているからである。さらに、強い最小限化が生じた回答者は直線形の回答者となったり、無回答を生じさせてしまうだろう。

調査結果が誤差を含んでいれば、自記式調査データを政策立案等の根拠資料として用いることには重大な懸念が生じる。ただし、それは誤差の程度にもよるであろう。無視できる程度の誤差であれば、文字通りそれらは無視してよい。ところで、無回答のような明白な例を除けば、回答に歪みが生じ、結果が誤差を含んでいたとしても、一般にはその歪みや誤差の大きさは目に見えない。仮にある回答選択肢が選ばれた割合が高かったとしても、その選択肢への該当者が実際に多いのか、それとも初頭効果によって割合が高くなっただけなのかは判別できないのである。

誤差の中でも、非標本誤差の存在は見えにくいことが多いが、期せずしてその存在が明らかになることもある。一つは時系列データの場合である。調査票を改訂しながら調査を重ねることで、時系列の結果に断層が生じ、調査票の設計・変更が回答に与えた影響が露わになる。もう一つは学力層の間で結果を比較した場合である。回答過程の各段階に十分な労力をかけることは認知的な負荷を要するため、回答労力の最小限化は、認知的負荷への耐性が低い回答者ほど生じやすいと考えられる。仮に学力の高さと認知的負荷への耐性の高さとが関連しているのであれば、学力が低い児童・生徒ほど回答労力の最小限化が生じ、より大きな誤差を含んだ結果となって現れてくる。そこで以下では実際の学力調査データを用いて、調査時点間および学力層間で結果を比較しながら、どのような回答誤差が生じているのか見ていくことにしよう。

3　全国学力・学習状況調査に見る回答誤差

3.1　全国学力・学習状況調査の概要とテレビ等の視聴時間

まず取り上げるのは、文部科学省が実施している全国学力・学習状況調査である。この調査は平成一九年度から全国のほぼ全ての小学六年生と中学三年生、それぞれ一〇〇万人以上を対象に毎年実施しているものであり、基本的に国語と算数・数学に関する学力調査と同時に、生活や学習の実態・意識を調べる質問紙調査も実施している。民主党政権下の平成二二年度と平成二四年度は全数調査ではなく標本調査としての実施である。また、平成二三年度は東日本大震災のために、令和二年度は新型コロナウイルス禍のために中止となっている。

質問紙調査は概ね六〇問から九〇問程度から成る。調査票の内容は毎年同一ではなく、全ての調査項目が毎回調査されているわけではないが、比較的長期間にわたって調べられている項目もある。その一つとしてテレビ等の視聴時間を取り上げてみよう。この項目は、平成二三年度を除く平成一九年度から平成二九年度までの一一年間にわたって用いられている。具体的な質問文と回答選択肢は以下のとおりである。

「ふだん（月曜日から金曜日）、一日あたりどれくらいの時間、テレビやビデオ・DVDを見たり、聞いたりしますか。（テレビゲームをする時間は除きます。）」

1　四時間以上
2　三時間以上、四時間より少ない
3　二時間以上、三時間より少ない
4　一時間以上、二時間より少ない
5　一時間より少ない
6　全く見たり、聞いたりしない

図7-1は学年別に、各年度の「二時間以上」「三時間以上」「四時間以上」の割合を示したものである。(2) ただし「二時間以上」は回答選択肢の1から3をまとめたものであり、「三時間以上」は選択肢の1と2をまとめたものである。中学三年生よりも小学六年生の方がテレビ等の視聴時間はやや長い。またどちらの学年も一般に折れ線が右下がりであることから、年々視聴時間は短くなる傾向にあることが分かる。

3.2 回答選択肢の順序効果

ところで図7－1をよく見ると、割合は毎年単調に減少しているわけではなく、何箇所か不規則な動きが見られる。まず目に付くのは、平成一九年度から二〇年度にかけての急激な視聴時間の増加である。小学六年生では四時間以上の割合が一七%から二四%へと七ポイントも増加し、中学三年生でもその割合は一五%から一九%へと四ポイント増えている。三時間以上で見ると、小学六年生は三四%から四六%へと一二ポイント増え、中学三年生でも三二%から三九%へと七ポイント増加している。平成二〇年度以降における割合の毎年の減少幅が高々一から三ポイント程度であることと比べれば、平成一九年度から二〇年度への増加幅は極端に大きいと言える。

この急激な割合の増加は、実態の変化によるものというよりは、年度間での調査票の違いによるものと考えられる。実は、平成一九年度と平成二〇年度以降とでは回答選択肢の順序が完全に逆転している。平成一九年度は「全く見たり、聞いたりしない」が一番目の選択肢として提示され、次に「一時間より少ない」となって、最後に「四時間以上」が置かれている。一方、平成二〇年度以降は「四時間以上」が一番目に提示された選択肢であり、「全く見たり、聞いたりしない」が最後に提示された選択肢である。先に述べた初頭効果が現れたものと考えれば、平成一九年度から二〇年度への視聴時間の急伸は説明がつく。つまり平成一九年度は長時間の選択肢ほど一連の選択肢の後半に置かれたために選ばれにくく、逆に平成二〇年度は前半に置かれたために選ばれやすくなったのである。

ただし、一日のテレビ等の視聴時間は、自身の日々の生活習慣に基づいて回答すればよいものであ

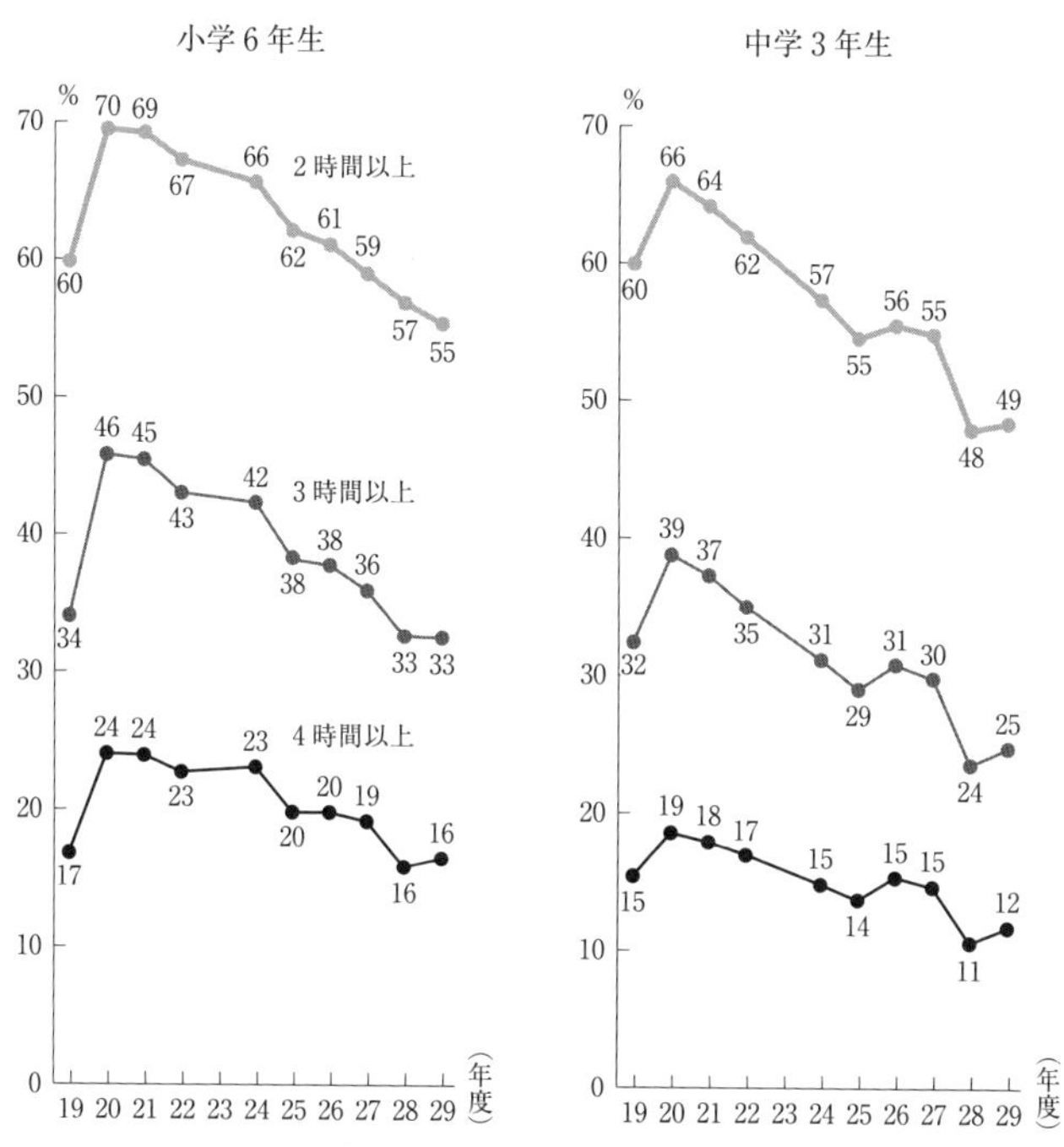

図7-1　テレビ等の視聴時間

り、回答選択肢には具体的な時間数も目安として示されている。選択肢の提示順序が変わるだけで回答が変わるものなのだろうか。平成一九年度から二〇年度への急増は初頭効果によるものではないという仮説も考え得る。そこで学力層ごとに結果を見てみることにしよう。学力層とは、各学年・教科において、正答数に応じて児童・生徒を四群にほぼ等分し、正答数が多い群から順にA、B、C、Dとしたものである。調査年度が異なれば受験した児童・生徒も異なるため、同じ学力層であっても年度間では異なる児童・生徒を比較することになる。しかし全体の人数が一〇〇万人を超え、非常に多

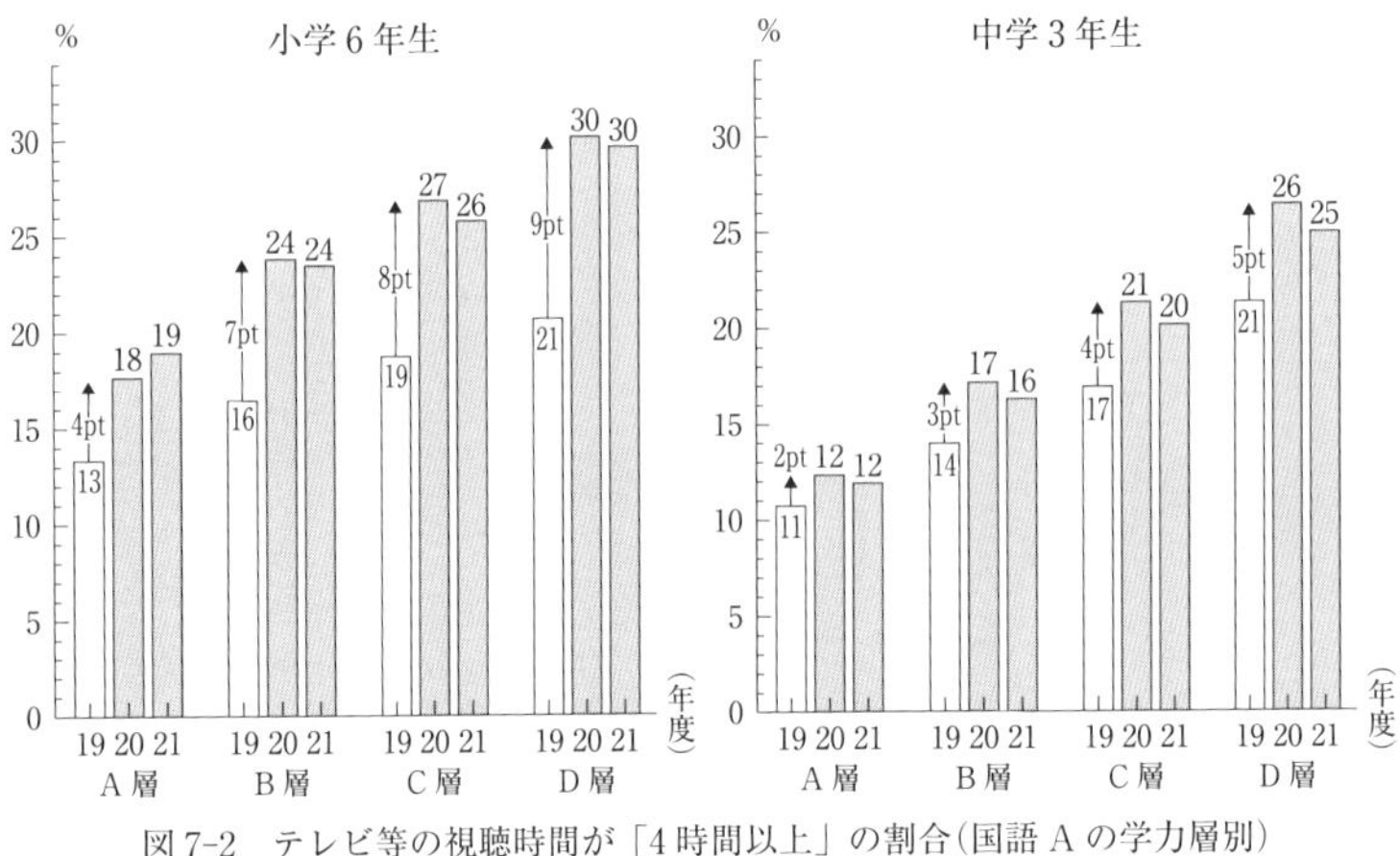

図7-2　テレビ等の視聴時間が「4時間以上」の割合(国語Aの学力層別)

いため、同じ学力層の児童・生徒は年度間でもほぼ同程度の学力と見なせる。もし平成二〇年度の急伸が初頭効果によるものであり、初頭効果が回答労力の最小限化によって生じるのであれば、低学力層ほど年度間の断層は大きくなるはずである。

図7－2は、平成一九年度から二一年度の「四時間以上」の割合を、国語A(3)の学力層別に棒グラフで示した結果である。また、平成一九年度から二〇年度への伸び幅を矢印で示した。小学六年生、中学三年生ともに、A層からD層へと学力が低くなるほどテレビ等の視聴時間は長くなる。また、平成一九年度から二〇年度になると視聴時間が長くなる点は、どの学力層も同じである。しかし、その伸び幅は学力層によって異なり、A層からD層になるほど伸び幅は大きい(4)。この傾向は、図には示さないが、国語Bや算数・数学で見ても、また「三時間以上」や「二時間以上」の割合で見ても同様である。

もちろん、学力が低い児童・生徒ほど実際に平成一九年度から二〇年度にかけて視聴時間はより長くなっており、図7－2はその実態を如実に示したものという解釈も考えられないことはない。低学力層の方が視聴時間が長いため、そもそも変化の幅が大きくなりやすいということもある。しかし平成二〇年度以降は減少傾向が続くことや、平成二〇年度と二一年度の間の変化幅はどの学力層も大きくはないこと、小中学生に人気のテレビ番組が平成二〇年度に始まったという事実も見当たらないことから、現実には平成一九年度から二〇年度にかけてもテレビ等の視聴時間は減りこそすれ、大幅に増加したとは考えない方が自然である。つまり、平成一九年度から二〇年度への伸びは選択肢の順序効果によるものであり、低学力層の児童・生徒ほど順序効果の影響を受けて回答が大きく歪んだと言ってよいであろう。

3.3　調査項目の順序効果

図7－1で次に目立つ不規則な動きは、視聴時間が減少傾向にある中で、特に中学三年生の平成二五年度から二六年度への増加と、平成二八年度から二九年度への増加であろう。平成二〇年度から二九年度まで、質問文や回答選択肢の表現、選択肢の並び順は一切変わっていない。影響を与えたものがあったとすれば、それはこの調査項目の直前に置かれた調査項目である。

平成二五年度までは直前に「普段(月曜日から金曜日)、何時ごろに寝ますか。」という就寝時刻と、「普段(月曜日から金曜日)、一日にどれくらいの時間、睡眠をとることが最も多いですか。」という睡眠時間に関する二つの調査項目があり、平成二八年度は就寝時刻に関する調査項目だけが置かれている。これに対し、テレビ等の視聴時間が長くなった平成二六年度や二七年度、二九年度では睡眠時間や就

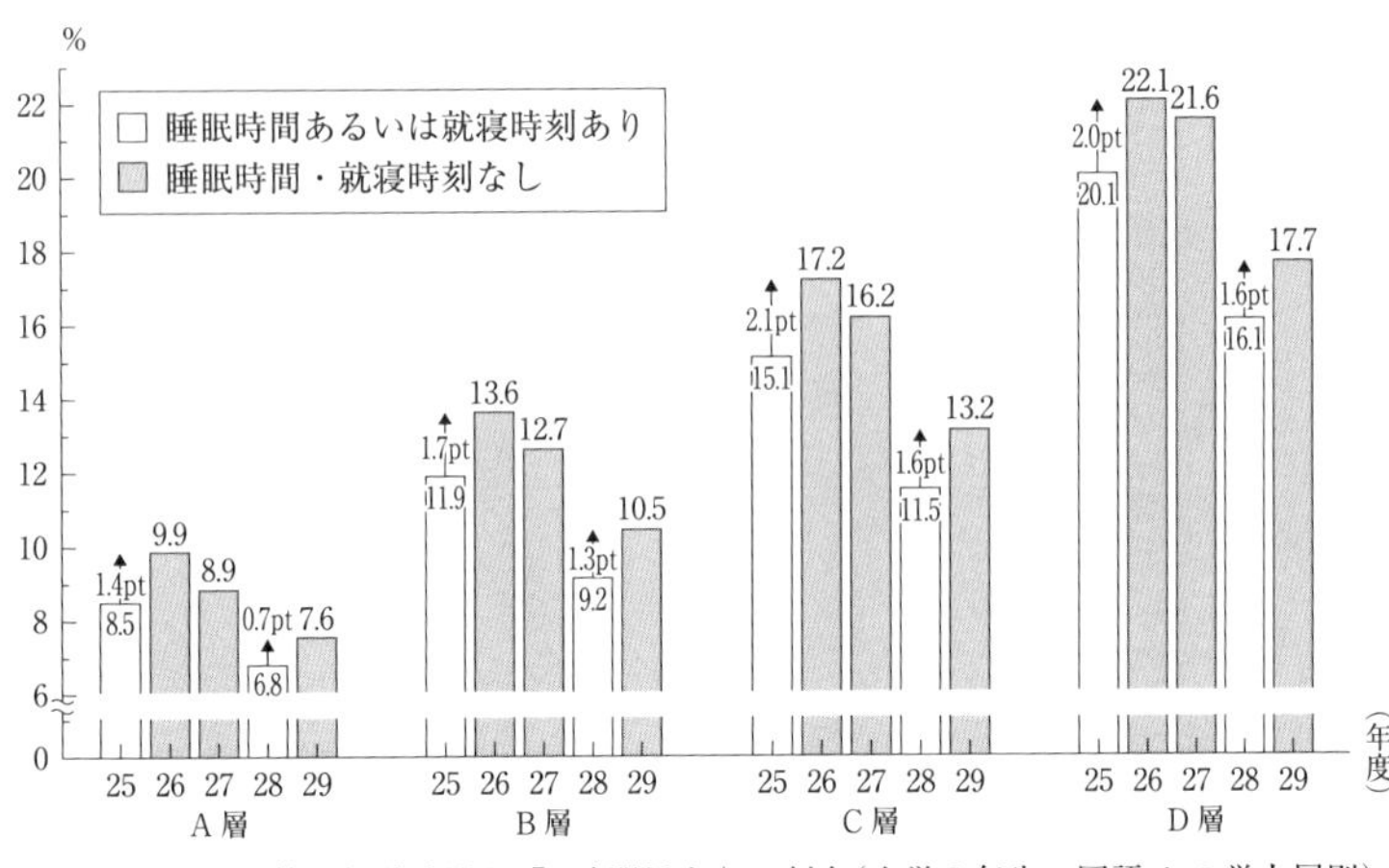

図 7-3　テレビ等の視聴時間が「4 時間以上」の割合(中学 3 年生・国語 A の学力層別)

寝時刻に関する調査項目は削除されている。時間に関する調査項目の代わりに、直前の調査項目は「将来の夢や目標を持っている」あるいは「授業で学んだことを、ほかの学習や普段の生活に生かしている」という記述への該当の程度を調べる内容となっている。当然、一日は二四時間に限られており、睡眠中にテレビ等を視聴することはない。つまり、直前に就寝時刻や睡眠時間といった時間に関する項目に回答していれば、その回答がテレビ等の視聴時間の回答に当たって制約として働く可能性がある。しかし時間について回答していなければ、制約が働かないため、テレビ等の視聴時間が長くなったという仮説が考えられる。

中学三年生について、平成二五年度から二九年度までの「四時間以上」の割合を国語Aの学力層別に見た結果が図7－3である。図には、平成二五年度から二六年度と平成二八年度から二九年度への伸び幅も矢印で示した。年度間の差は、回答者全体で見た場合でも大きなものではないため、学力層の間で年度間の伸び幅にさほど大きな違いはない。それでもA層からD層になるほど、一般に伸び幅は大きくなる傾向が見られる。この傾向は「三時間以上」や「二時間以上」で見た場合や、他の教科で見た場合も同様である。学力が低い生徒ほど、直前の調査項目の影響を受けて、回答はより歪みやすいと言える。

なお小学六年生でも、調査票の状況は中学三年生と同じである。就寝時刻や睡眠時間に関する調査項目は、平成二六年度と二七年度、二九年度では削除され、他の年度では調べられている。しかし年度間の断層は、中学三年生ほど目立つものではない。その理由は明確ではなく、どのような非標本誤差が、いつ、どの程度生じるのか評価することの難しさを示すものと言える。

3.4　回答選択肢の数の影響

それでは、就寝時刻についてはどうだろうか。就寝時刻は以下の質問文で調べている。

「普段（月曜日から金曜日）、何時ごろに寝ますか。」

図7‑4に示したのは、中学三年生の就寝時刻の推移を表した結果である。「午前〇時以降」の割合が年々減っており、「午後一〇時から一一時」の割合は上昇傾向にある。目立つのは「午後一一時から〇時」の割合が平成二四年度から二五年度にかけて増えており、それに呼応して「午前〇時以降」の割合が減っている点である。

実は中学三年生の調査票は、平成二四年度までと平成二五年度からとでは回答選択肢の数・内容区分が異なっている。平成二四年度までは以下の回答選択肢が用いられている。

1　午後九時より前
2　午後九時以降、午後一〇時より前
3　午後一〇時以降、午後一一時より前
4　午後一一時以降、午前〇時より前
5　午前〇時以降、午前一時より前
6　午前一時以降

一方、平成二五年度以降は「5　午前〇時以降、午前一時より前」と「6　午前一時以降」がまとめられ、「5　午前〇時以降」という一つの回答選択肢となっている。図7－4の平成二四年度以前の「午前〇時以降」の割合は、平成二五年度以降と比べられるように、二つの選択肢の割合を一つにまとめて示したものである。なお、小学六年生の調査票では、回答選択肢に変更はない。

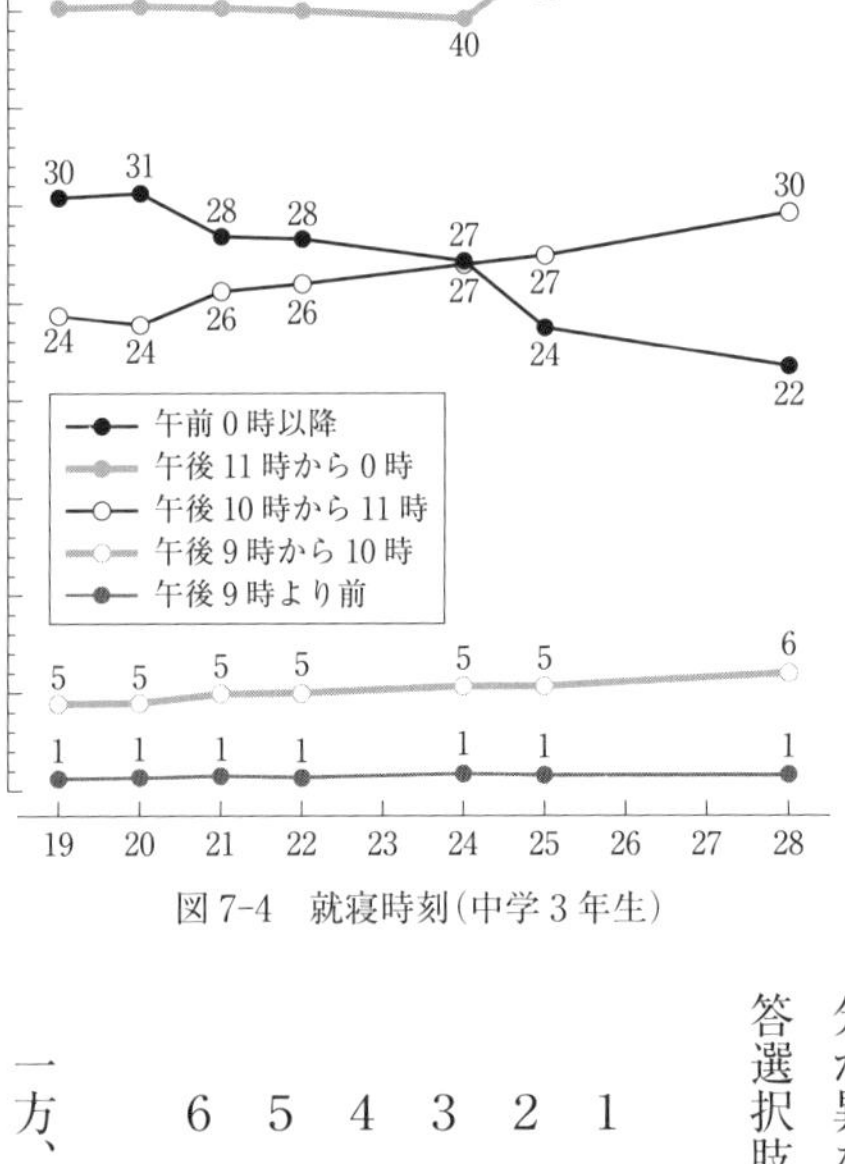

図 7-4　就寝時刻(中学 3 年生)

一般に、複数に分けられていた回答選択肢を一つにまとめて提示すると、その割合は元の複数の選択肢の割合の合計よりも小さくなる傾向がある。図7－4における断層も、回答選択肢の数の影響と考えられる。つまり、平成二五年度以降は一つの選択肢として提示されたことで午前〇時以降の割合

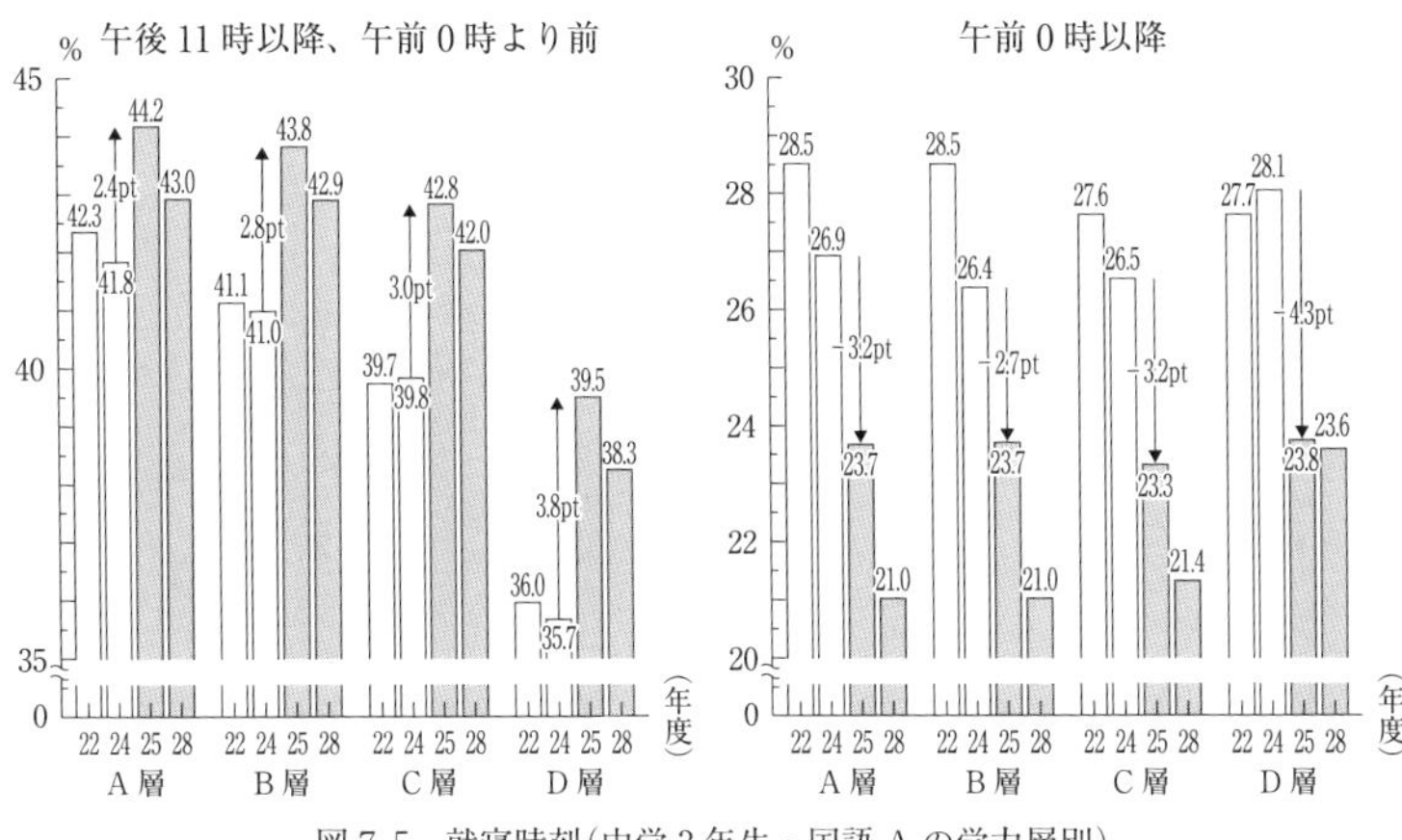

図7-5　就寝時刻(中学3年生・国語Aの学力層別)

が減り、その分、午後一一時から〇時の割合が増えたのである。

平成二二年度から二八年度における割合を国語Aの学力層別に示した結果が図7－5である。図7－5の左に示す「午後一一時以降、午前〇時より前」の平成二四年度から二五年度における断層は、学力層がA層からD層になるに従い広がっている。図7－5の右に示す「午前〇時以降」の平成二四年度以前の割合は、「午前〇時以降、午前一時より前」の割合と「午前一時以降」の割合を合計したものである。A層では平成二二年度から二八年度にかけて割合は継続的に減少しており、平成二四年度と二五年度の間の断層は必ずしも全てが回答選択肢の統合の影響とは限らない。一方でD層では、平成二二年度と二四年度の間や平成二五年度と二八年度の間に大きな差は見られず、回答選択肢の統合があった平成二四年度と二五年度の間に大きな断層が見られる。図は割愛するが、同様の傾向は他の教科の学力層の間でも見られ、学力が低くなるほど回答選択肢の数あるいはその内容区分の影響を受けやすいと言える。

4　いろは市調査に見る回答誤差

4.1　いろは市調査の概要とグリット

次に取り上げるのは、本書で用いている「いろは市」の小学六年生一二八〇五人を対象とした「児童アンケート調査」の結果である。特に、非認知能力の一つで「やり抜く力」とも示される、グリットに関する以下の七つの調査項目を用いる[5]。

「以下の文章は、ほかの人たちとくらべて、あなた自身のことにどれくらいあてはまるか番号で答えてください。」

a　新しい考えや計画を思いつくと、前のことからは気がそれてしまうことがあります

b　少しの間、ある考えや計画のことで頭がいっぱいになっても、しばらくするとあきてしまいます

c　がんばりやさんです

d　いったん目標を決めてから、そのあと別の目標に変えることがよくあります

e　終わるまでに何か月もかかるようなことに集中しつづけることができません

f　始めたことはなんでも最後まで終わらせます

g　まじめにコツコツとやるタイプです

回答は、各項目に対して以下の五つの回答選択肢から一つを選ぶこととなっている。

1　まったくあてはまらない
2　あまりあてはまらない
3　すこしあてはまる
4　よくあてはまる
5　とてもよくあてはまる

さらに、それぞれの小学六年生に全国学力・学習状況調査の学力調査の結果を接続することで、学力との関係を見ていくことにする。

4.2　不自然な回答パターン

グリットに関する七つの項目は、いずれもお互いに似たような内容の項目であり、回答はお互いにかなり相関していることが期待される。ただし、項目a、b、d、eと項目c、f、gとでは表現が逆転している。そのため、仮に前者の項目群でいずれも「1　まったくあてはまらない」が選ばれたのであれば、後者の項目群では全て「5　とてもよくあてはまる」が選ばれるのが、整合性がとれた理想的な回答パターンである。また、前者の項目群への回答がいずれも「2　あまりあてはまらない」であれば、理屈から言えば、後者の項目群への回答はどれも「4　よくあてはまる」となるはずである。そのような理想的な回答パターンとしては以下の五つが考えられる。

$\boldsymbol{z}_1 = (1\ 1\ 5\ 1\ 1\ 5\ 5)$、

$\boldsymbol{z}_2 = (2\ 2\ 4\ 2\ 2\ 4\ 4)$、

$\boldsymbol{z}_3 = (3\ 3\ 3\ 3\ 3\ 3\ 3)$、

$\boldsymbol{z}_4 = (4\ 4\ 2\ 4\ 4\ 2\ 2)$、

$\boldsymbol{z}_5 = (5\ 5\ 1\ 5\ 5\ 1\ 1)$、

各回答パターンのベクトルにおいて、一番目の要素は項目ａへの回答を表し、二番目の要素は項目ｂへの回答を表す。

回答者が項目の内容を十分に理解し、適切に回答していれば、その回答パターンは前記五パターンのいずれかになるか、あるいはそれらに近い回答パターンになるはずである。逆に回答者が回答労力の最小限化を引き起こしていれば、その回答パターンは、前記の理想的な五パターンのいずれとも大きく異なる不自然なものになる可能性が高い。例えば全ての項目に対してその内容にかかわらず「1　まったくあてはまらない」を選ぶ直線形の回答者となることが想定される。

そこで、各回答者の回答パターンが理想的な回答パターンからどのくらいズレているのかを見てみることにする。具体的には、回答者 i の回答を並べたベクトルを $\boldsymbol{y}_i$ と表す。その一番目の要素は回答者 i の項目aへの回答であり、七番目の要素は項目gへの回答である。このとき回答者 i の回答 $\boldsymbol{y}_i$ と理想的な各回答パターン $\boldsymbol{z}_k\,(k=1,\ldots,5)$ との間の距離のうち、最小の距離 $G_1(\boldsymbol{y}_i)$ あるいは $G_2(\boldsymbol{y}_i)$ を、回答者 i の回答パターンの不自然さを表す指標として用いることとする。

$$G_1(\boldsymbol{y}_i)=\min_{k\in\{1,\ldots,5\}}\|\boldsymbol{y}_i-\boldsymbol{z}_k\|$$

$$G_2(\boldsymbol{y}_i)=\min_{k\in\{1,\ldots,5\}}\|\boldsymbol{y}_i-\boldsymbol{z}_k\|^2$$

例えば $\boldsymbol{y}_i=(1\ 1\ 5\ 1\ 1\ 5\ 5)$、という理想的な回答パターンでは、距離が $G_1(\boldsymbol{y}_i)=G_2(\boldsymbol{y}_i)=0$ となり、$\boldsymbol{y}_i=(1\ 1\ 4\ 1\ 1\ 5\ 5)$、という理想に近い回答パターンでは、距離は $G_1(\boldsymbol{y}_i)=G_2(\boldsymbol{y}_i)=1$ と小さな値となる。しかし、$\boldsymbol{y}_i=(1\ 1\ 1\ 1\ 1\ 1\ 1)$、という不自然な回答パターンでは $G_1(\boldsymbol{y}_i)=12$ あるいは $G_2(\boldsymbol{y}_i)=28$ となり、$\boldsymbol{y}_i=(5\ 5\ 5\ 5\ 5\ 5\ 5)$、という回答も同様に $G_1(\boldsymbol{y}_i)=12$ あるいは $G_2(\boldsymbol{y}_i)=28$ となる。そこで、距離 $G_1(\boldsymbol{y}_i)$ あるいは $G_2(\boldsymbol{y}_i)$ が大きいほど、つまり理想的な回答パターンから隔たっているほど、回答労力の最小限化が生じているとみなすことにする。なお、$\boldsymbol{y}_i=(3\ 3\ 3\ 3\ 3\ 3\ 3)$、という回答者については、最小限化が生じている可能性もあるが、そうではない可能性もあり、判断がつかず、$G_1(\boldsymbol{y}_i)=G_2(\boldsymbol{y}_i)=0$ となる点には注意が必要である。

図7-6と図7-7は、横軸をそれぞれ全国学力・学習状況調査の国語A、国語B、算数A、算数

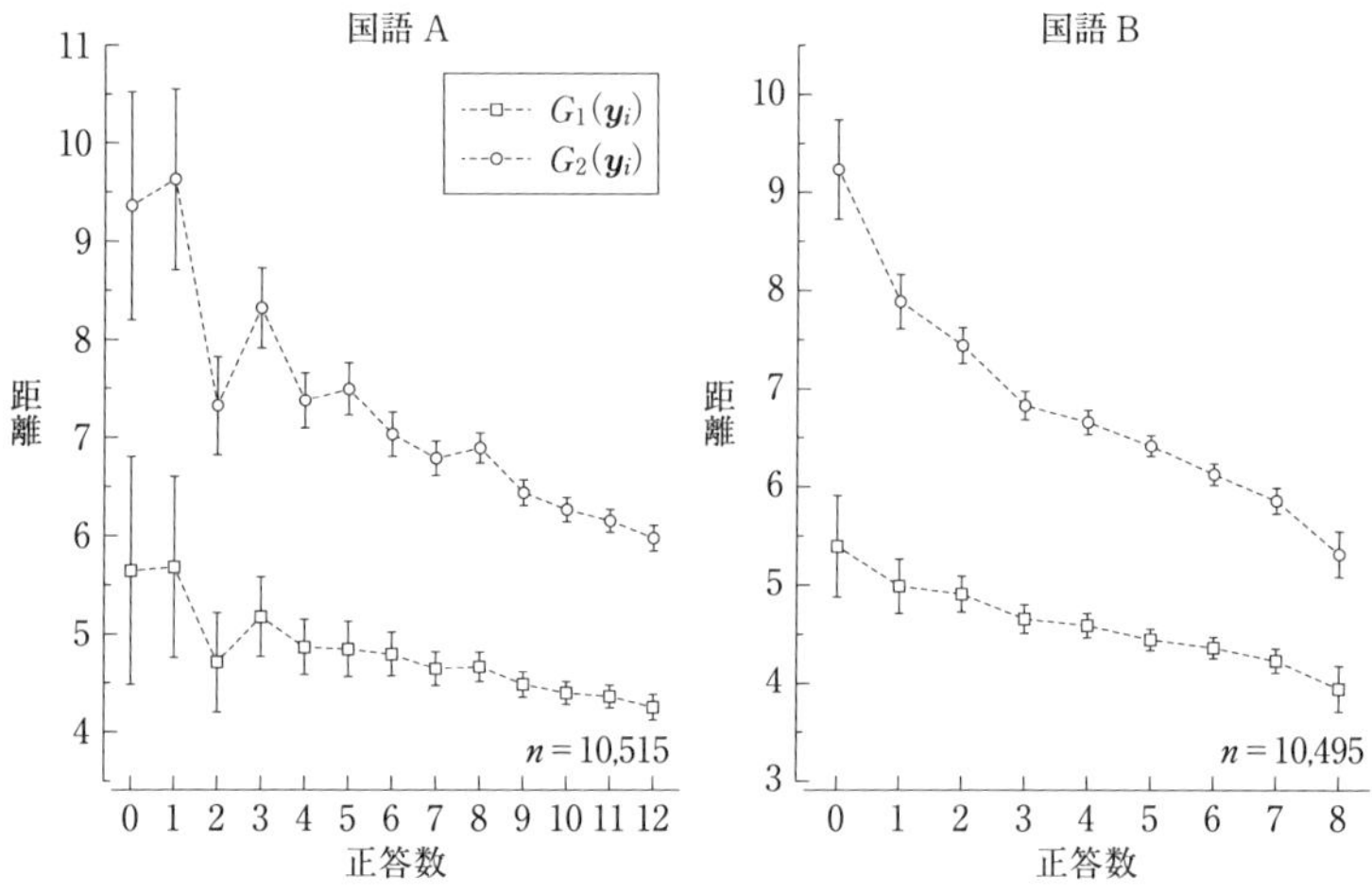

図 7-6　理想的な回答パターンとの距離の平均値(国語の正答数別)

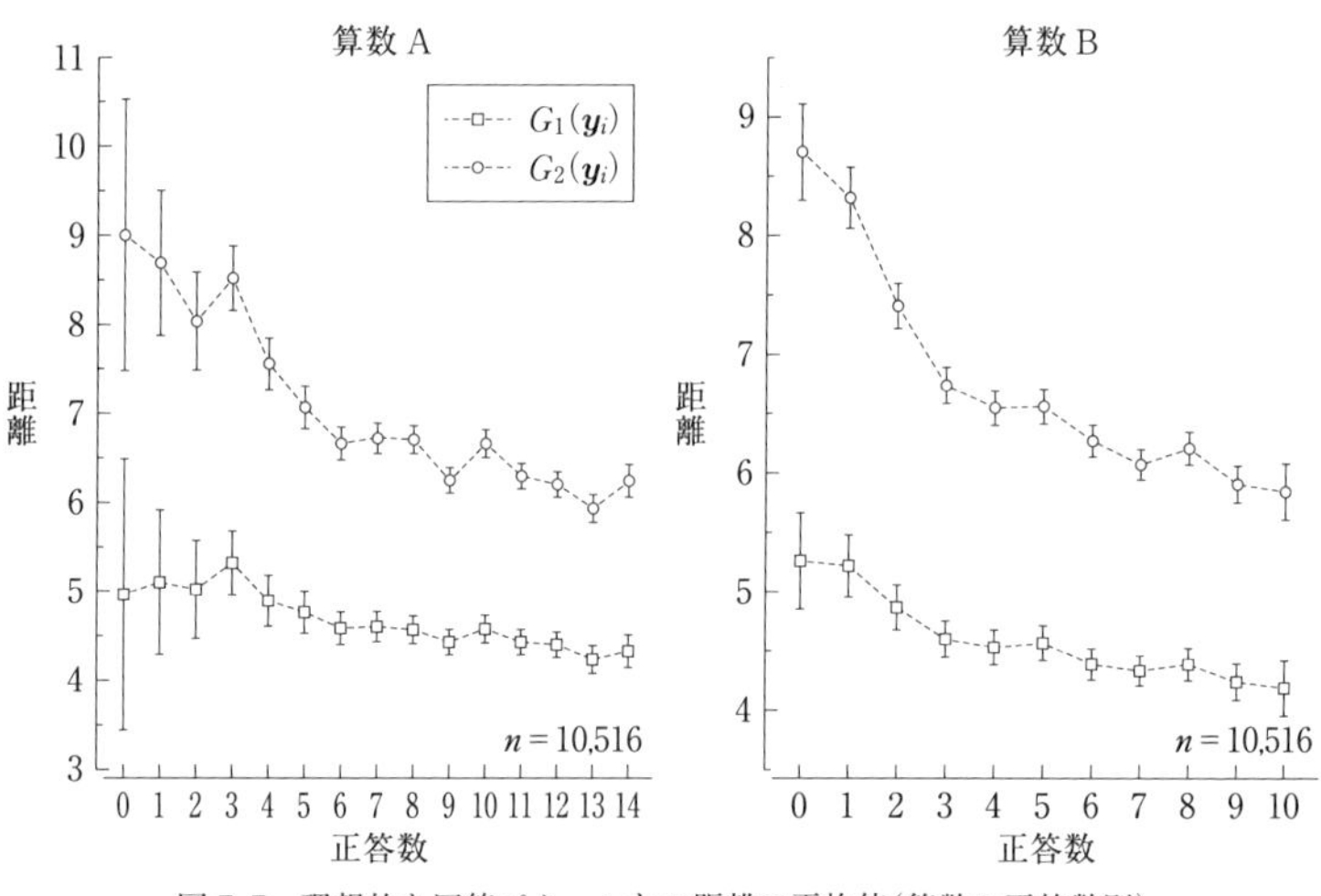

図 7-7　理想的な回答パターンとの距離の平均値(算数の正答数別)

Ｂの正答数とし、縦軸をその正答数別の児童の距離の平均値とした結果である。さらに標準偏差を人数の平方根で割った値をエラーバーとして示している。どの教科においても、正答数が少ないほど距離 $G_1(\boldsymbol{y}_i)$ や $G_2(\boldsymbol{y}_i)$ は大きくなる傾向にある。つまり学力が低い児童ほど、理想的な回答パターンから外れた不自然な回答をしており、回答労力の最小限化を引き起こしている可能性が示唆される。

5　アンケート調査データの落とし穴

ここまで、全国学力・学習状況調査といろは市調査における意識調査を素材として、具体的な回答誤差の例を示してきた。学力との関連で言えば、学力が高い児童・生徒も、調査票の設計によって回答は影響を受けるが、学力が低くなるほどその影響の程度はより大きい。学力が低い児童・生徒の回答ほど、より大きな誤差が含まれている可能性が高いと考えなければならない。

数値には明確な大小関係があり、その大小関係は誰にとっても共通で議論の余地はないという意味で、数値データは客観的である。しかし客観的であるということと正確であるということとは全く別である。ここで示したように、客観的な数値データだからといって実態を正確に反映しているとは限らず、大きな誤差にまみれている可能性もある。客観的な根拠データに基づいて学力の向上に寄与しようという取り組みは重要だが、データやその分析結果に盲従することは危うい。データに含まれる誤差によって、結果は歪んでいるかもしれないからである。誤差を見極める努力が肝要である。

ここでは、データが時系列であることや項目間に整合性が期待されること、学力層間で誤差の大きさが異なることを利用して、データに含まれる誤差の存在をあぶり出してきた。しかし一般には、データのどこにどのような誤差がどの程度含まれているのか知りようがないのが現実である。もし誤差が分かるのであれば、正確な実態も分かっていることになり、正確な実態が分かっているのであれば、そもそも調査の実施やデータの取得は不要だからである。誤差は隠れてしまっていて見えないものである。しかし、見えないからといって、その存在を無視してよいことにはならない。むしろ見えないからこそ、より警戒を怠らないようにしなければならない。

見えない誤差の存在を感知し、データがどの程度実態を反映した信頼に足るものなのかを見定めるには、データやその分析結果を見るだけでは全く不十分である。データが発生する現場に足を運び、そこで何が起きているのかを虚心坦懐に目の当たりにすることが欠かせない。児童・生徒の学力・意識調査データであれば、現実の教育現場の実状に精通することが必須である。現場と照らし合わせることではじめて、データや分析結果が真に意義あるものなのか、それとも誤差にまみれ、信頼に値しないものなのかが見えてくる。現場を抜きにしたデータ分析は成り立ち得ない。

データとは、あくまでも現実のほんの一部を、しかも誤差を含みながら写し取ったものに過ぎない。プラトンが『国家』の中で、影絵を見て実物かのように思い込むという洞窟の比喩を使って示したように、実像を見ているつもりでも実際は虚像を見ているに過ぎないのである。この点を忘れてしまえば、客観的な根拠データに基づく議論など行ったところで、思わぬ落とし穴に嵌まり、むしろ混乱と弊害をもたらす結果となるだろう。

注

（1）https://www.kantei.go.jp/jp/singi/toukeikaikaku/pdf/saishu_honbun.pdf (p. 3)

（2）ここで用いる数値は、無回答を除き、残りの回答選択肢の合計が一〇〇％になるよう調整したものである。

（3）国語Aは基礎・基本的な内容を主としており、国語Bは応用的な内容を主とする。

（4）数値は小数第一位を四捨五入しているため、グラフに示した割合の差と伸び幅の数値は必ずしも一致しない。

（5）他に「ぼく／わたしは、がっかりしたあと、ほかの人よりも立ち直るのがはやいです」という項目が含まれるが、他の項目との相関が低いため除外した。

参考文献

Dillman, D. A., Smyth, J. D. and Christian, L. M., 2014, *Internet, Phone, Mail, and Mixed-Mode Surveys: The Tailored Design Method, 4th ed.*, John Wiley & Sons.

近藤博之、二〇一三、「生徒調査における回答者の非協力的態度について」『大阪大学大学院人間科学研究科紀要』三九、三九－五六頁。

Krosnick, J. A. and Alwin, D. F., 1987, "An Evaluation of a Cognitive Theory of Response-order Effects in Survey Measurement," *Public Opinion Quarterly*, 51(2), 201–219.

Krosnick, J. A., 1991, "Response Strategies for Coping with the Cognitive Demands of Attitude Measures in Surveys," *Applied Cognitive Psychology*, 5(3), 213–236.

Schuman, H. and Presser, S., 1981, *Questions and Answers in Attitude Surveys: Experiments on Question Form, Wording, and Context*, Academic Press.

Tourangeau, R., Rips, L. J. and Rasinski, K., 2000, *The Psychology of Survey Response*, Cambridge University Press.

土屋隆裕、二〇一四、「事例に見る調査票の設計と回答者の回答行動」『マーケティング・リサーチャー』一二五、一二四―一三二頁。

土屋隆裕・平井洋子、二〇一七、「回答所要時間から見たElaborate Item Count法の回答特性」『行動計量学』四四(二)、一四一―一五〇頁。

終章　「教育改革やりっ放し」のループを抜け出すために

川口俊明

1　教育格差の処方箋

本書では、いろは市学力パネルデータをもとに六名の論者がそれぞれの立場から分析を行ってきた。最後にこれらをまとめ、本書の知見にどのような実践的・政策的含意があるのか、すなわち教育格差の処方箋を提示しよう。

第1章では、日本の教育行政が実施する学力調査の多くが死蔵されている問題を指摘し、これら死蔵された学力調査であっても、うまく使えば教育格差の実態を把握するための有効なツールとなることを主張した。学力調査を活用すれば、個々の学校の置かれた社会経済的状況が学校の平均点を大きく左右しており、小学四年生の時点で既に家庭環境による学力の格差がほとんど完成してしまっているという「現実」を知ることができる。学力テストの点数が高い学校や子どもというのは、もともと恵まれた地域に立地する学校か、恵まれた家庭に育った子どもである可能性が高いのだ。このことは、保護者の年収や学歴、あるいはその学校がどのような社会経済的状況に立地しているかを考慮せずに、学力テストの点数の高低だけで教育政策や実践を議論しても仕方がないということを意味している。

子どもたちの学力には、かれらが育つ家庭環境／地域社会の影響が色濃く現れていることを、まず私たちは議論の前提にしなければならないのだ。

家庭環境の影響を認めたとしても、それで話は終わりではない。本書の第2章では、朝ご飯と学力を例に、分析方法次第で得られる結論が大きく変わる可能性があることを示した。確かに、朝ご飯を食べている子どもの方が学力は高い。しかしそれは朝ご飯を食べるようになったら学力が上がるということを意味しない。「朝ご飯を食べると学力が上がる」と言いたいなら一時点の学力調査では不十分で、同じ子どもを何度も調査し、学力や生活習慣の「変化」を論じる必要がある。

第3章では、小学四年生から六年生までの変化に焦点を当て、児童の習い事や学校外の教育機会が家庭環境によってどう異なるか検討を加えた。分析結果は、どの時点でも保護者の学歴によって子どもの教育経験に差があるということを示している。要するに、両親ともに大卒の家庭に生まれた子どもは、そうでない子どもに比べて習い事をしている割合が高いし、図書館や博物館に連れて行ってもらう回数も多いのだ。重要なことは、こうした教育経験の差が小学四年生時点から六年生時点まで一貫して存在するという点である。どの時点でも差があるということは、三年のあいだに教育格差は着実に蓄積されていくということだ。残念なことに、学力テストの点数や子どもたちの希望する進路の変化を見るかぎり、学校教育はこれらの差を縮小することに成功していないと言わざるを得ない。私たちが教育格差の改善を本気で目指したいのであれば、現在の学校教育は格差の縮小に成功していないという現実を認めた上で、今までと違ったやり方をしなければならないということだ。

第4章はパネルデータを利用することで、どのような場合に子どもたちの学習時間が伸びるのか検討した。結果明らかになったのは、勉強が好きだと思うこと／勉強がわかることが学習時間の増加と結びついていることである。ただし子どもたちの家庭環境を考慮すると、勉強が好きだと思うこと／わかることが学習時間の増加に結びつくのは相対的に家庭環境に恵まれた層に限られ、課題を抱えやすい子どもたちのあいだでは観察できなかった。課題を抱えやすい子どもたちの勉強時間が延びるのは、勉強が大事だと思うこと、あるいは教師から認めてもらっていると感じた時だったのである。4章の分析は、一人も取り残さない授業をするためには子どもたちの家庭環境にも目配りし、その子にあった指導をしなければならないということを示唆している。

第5章では、非認知能力の一つであるグリット(やり抜く力)に注目し、パネルデータの分析を行った。近年、教育分野では、学力テストでは測れない非認知能力への関心が高まっている。非認知能力という「新しい」能力を育てることで、子どもたちによりよい未来が開けると信じられているのだ。しかし分析の結果わかったことは、(少なくともグリットは)そこまで明るい未来を約束するものでもなさそうだ、ということである。たとえば認知能力と同じく、グリットにも家庭環境による格差がある。恵まれた家庭の子どもの方が、相対的にグリットは高いのだ。さらにグリットが向上しても、それに伴って学力が向上するという結果も見られなかった。朝ご飯の場合と同じく、小学校高学年でグリットを高めることが即座に学力向上には結びついていないということである。グリット(あるいは非認知能力)という概念は、その目新しさから私たちの関心を惹きやすい。しかし、このような分析結果を見ると、それが本当に学校教育の改善に繋がるものなのかどうか、少し立ち止まって考えてみる必要があるように思われる。

ここまでの章が教育格差の実態や学校の教育実践の検討というわかりやすいテーマを扱っていたのに対し、こうした「わかりやすさ」から距離を取り、そもそも「学校で成功するとはどういうことか」を検討したのが第6章である。フランスの社会学者ブルデューの考え方を応用した分析の結果、子どもたちの学校適応は、授業に集中し忘れ物をせず勉学に励む子どもたちと、逆にそうしたことをしない子どもたちという二パターンに分かれることが明らかになった。両者を分ける大きな要因は、保護者の学歴や年収である。前者のパターンを取る子どもたちの方が家庭環境に恵まれている傾向があるということだ。加えて第6章の分析では、前者の子どもたち（＝学校に適応していると思われる子どもたち）にもさらに二パターンがあることを見いだしている。それが、忘れ物をしない／きちんと話を聞くといった生徒指導的な方向で適応している子どもたちと、塾に通ったり英語を学んだりといった業績主義的な方向で適応している子どもたちという対比である。どちらかというと、男子は業績主義的、女子は生徒指導的な適応を示すことが多いようだ。

このような分析結果を「当たり前」と思う人もいるかもしれない。保護者の学歴や年収に恵まれている子どもが成功することや、女子の方が忘れ物をしない／きちんと話を聞くといった学校に親和的な行動を取るのは、確かに「当たり前」のことである。しかしよく考えてみると、こうした「当たり前」は少し考えてみる必要がある。たとえば男子の方が業績主義的で、女子の方が生徒指導的という点である。なぜ、このような性別によって学校適応に差異が生じてしまうのだろうか。ここからは推測になるが、日本社会では現在でも男子の方が将来家庭を支えていくことを期待される傾向がある（落合 二〇一九）。そのため小学校の高学年ともなると男子は（あるいはその保護者は）、塾や学業成績を意識せざるを得ないのではないだろうか。一方で女子は、そうしたものを期待されず、学校に適応すること（＝問題を起こさないよい子であること）を求められているのかもしれない。女性の社会進出が進まないことが日本の課題とされて久しいが、第6章の分析は、その萌芽を捉えたものとして見ることができる。であれば、この結果は「当たり前」と受け止めるだけでは十分ではなく、学校教育をジェンダーの観点から考え直す契機とすべきかもしれない。

ここまで学力調査の有用性を説いてきた。ただ、最後に注意しておきたいことは、学力調査はあくまで教育政策や教育実践、あるいは私たちの社会を考える助けになるツール（＝脇役）に過ぎないという点である。学力調査の結果が私たちの判断を左右する主役になってしまうと、そこには悲劇しか待っていない。

この点を、誤差という観点から検討したのが第7章である。第7章では、ちょっとした質問項目の配置の違いで、テレビの視聴時間が増減してしまうという事例を紹介した。加えてグリットを例に、学力が相対的に低い子どもたちが、回答の労力を避けるために「すべて1」「すべて5」といった「いい加減な」回答をする傾向があることを見いだしている。これらの分析が示すのは、質問紙調査の結果には（時に無視できない）誤差が含まれており、真正直に受け止めるのは危ういということである。学力調査の結果だけをもとに、子どもや教員を評価することの危険性は言うまでもないだろう。

もっとも、だから学力調査に意味がないと考えるのは間違っている。学力調査はうまく使えば、第1章から第6章の分析が示すように、私たちの社会や教育に対する考えを深めてくれる。第7章の分析が示唆しているのは、だからといって、学力調査の数値を信じすぎてはいけないということだ。学力調査はあくまでも私たちの議論や判断を助けるツールであり、それ以上のものではないのである。

ここまでが学力調査を使った私たちの現状把握(＝診断書)である。それでは、ここからどのような対処(＝処方箋)が必要になるだろうか。本書では、次の二点を強調しておきたい。

一つは、子どもたちの育つ家庭環境／地域環境によって、かれらの学力や育ちに差が生じているという現実を認める必要があるという点だ。「子どもの貧困」や「教育格差」が広く社会問題として知られるようになった現在でさえ、学力調査の分析結果で子どもの家庭環境が言及されることは稀である。もちろん調査さえ行われなかった十数年前と比べれば、状況はだいぶ改善している。たとえば文部科学省が実施する全国学力・学習状況調査では、二〇一三年から四年に一度の頻度で、保護者に対して学歴や年収を含む家庭環境を尋ねる調査が実施されるようになった。また、二〇二一年には児童生徒質問紙に、家庭環境を示す代理指標として利用できる「家庭にある本の冊数」を尋ねる設問が追加されている[1]。この設問は、家庭環境を間接的に知る方法としてＰＩＳＡやＴＩＭＳＳといった国際学力調査でも利用されているものだ。

もっとも、これらの調査で教育政策や教育実践が変わったかといえば、そうではない。毎年度公表される全国学力・学習状況調査の分析では、相変わらず家庭環境の要因を考慮しない分析結果が掲載されているし、地方の教育行政が行う学力調査で家庭環境と学力の関連が公に示されることも滅多にない。学力向上を目指す教育政策で、家庭環境や地域の社会経済的な要因を踏まえた提案が行われることも稀で、ほとんどは指導法の工夫改善や教員の研修といった学校や教員の努力に期待したものに偏っている。ここにはやむを得ない事情もある。国でも地方でも、家庭環境や地域の社会経済的な要因は、学校教育を管轄する部署の担当する事項ではなく、社会保障や福祉を管轄する部署が担当している。社会的要因が学力調査の結果を大きく左右することがわかっていても、他部署の問題に口を挟むのは難しいというのが、教育行政を担当する人々の本音であろう。結果として、「学校でできること」に対策が偏ることも理解できなくはない。

だが、ここで考えなければならないのは、家庭環境に代表される社会経済的要因の学力への影響は、学校や教員の努力で何とかなる水準を超えているという点である。本書の第1章や第3章で示したように、これまでのやり方では、教育格差を押しとどめることはできても、縮小することはできない。家庭環境が子どもたちの育ちに影響するのは、そもそも私たちの住む資本主義社会に、富める者とそうでない者がいるからである。経済的に余裕のある人はそうでない人に比べ、子どもの教育にお金を使うことができる。親が自由に住む場所を選べば、自然と地価が高く人気のある地域とそうでない地域が分かれ、結果として個々の学校の社会経済的な状況が異なってくる。つまり、家庭環境や地域の状況によって子どもたちの育ちに差が出るのは、私たちの社会の在り方が招く当然の帰結でもある。その意味では、教育格差は私たちの「社会の失敗」の表れなのだ。教育格差の背後にある社会の在り方という根本的な要因から目を背け、学校単独でできることを探っても、それは学校や教員に負担を押しつけているだけである。子どもの学力向上に学校がまったく無力だとは思わないが、一方で、学校教育に社会の失敗をすべて解決させることは間違っている。私たちは、子どもたちの育つ家庭環境／地域環境がかれらの育ちに影響するという事実を認め、教育格差は学校教育だけが扱う教育問題ではなく、福祉や社会保障も関わる広範な社会問題であると認識しなければならない。

二つ目は、教育政策や実践を語るときに、データ「も」使おうという点だ。現代社会では、ほとんどの人が学校教育に通った経験を持っている。そのため教育に関しては、誰もが何かを語ることができる。しかし、個々人が体験できる学校での経験は限られている。ほとんどの人は、せいぜい一つか二つの小学校にしか通わない。学校の教員でさえ三〜五年程度は同じ学校に留まるから、二〇を超える学校を経験する人は稀である。ところが現実には、いろは市という比較的狭い範囲ですら小中それぞれ五〇を超える学校があり、個々の学校は大きく異なる社会経済的な背景を持っている。半数以上の子どもが中学受験を経験することが「当たり前」の小学校を見ている人と、ほぼ全員が公立中学校に進学することが「当たり前」の小学校を見ている人では、教育に対する考え方は違ってくるはずだ。いろは市の中ですら違うのだから、都道府県や日本という国の学校教育を、個人の経験から語ることはほとんど不可能である。教育政策を語るには、個人の経験だけでは十分ではなく、どうしてもデータの助けを借りなければならない。

残念ながら、ここ数十年、日本の教育改革は関係者の思いつきで根拠なく始まり、その総括もされないままに終わるということが繰り返されてきた。いわゆる「ゆとり教育」や大学改革は、その典型的な例である(2)。いずれも個人の経験や思い込みが優先され、データで現状を把握するという当たり前のことが行われなかった。さらに気になるのは、こうした「失敗」が指摘されているにもかかわらず、反省しようという気運もそれほど高まっていないという点である。これらの改革ほど規模は大きくないものの、本書で検討してきた「早寝早起き朝ご飯」「わかる授業」「非認知能力」といったキャッチフレーズも、その実態があまり検証されていないという点では、五十歩百歩である。

こうした日本の教育政策・教育実践の現状を医療にたとえると、十分な検査や診断もせずに、思いついた治療を患者に試し、その結果も確認していないといったところだろう。これで日本の教育が良くなるはずがない。教育を語るときに個人の経験を持ちだしてはならないとは言わないが、少なくとも教育政策・教育実践を主導する人々には、一人の人間が経験できることは限られているという当たり前のことを自覚し、データで経験を補うという姿勢が必要とされている。

2 次は何をするべきか

では私たちは、具体的には何をすればいいのだろうか。ここでは、(1)中長期的かつ包括的なデータの蓄積、(2)データの蓄積を可能にする組織の設立と専門家の養成、(3)調査を支える社会意識の醸成という三つの論点を取り上げたい。断っておくが、いずれも容易なことではない。だが、それをしなければ、いつまでも私たちは「教育改革のやりっ放し」(松岡編 二〇二一)とさえ呼ばれる現状から抜け出すことはできないだろう。

2.1 中長期的かつ包括的なデータの蓄積

実は、いろは市学力パネルデータには三つの課題がある。一つ目は、小学四年生から六年生という、ごく短い期間の変化しか扱えていないという点である。第1章で扱った朝ご飯や第6章で扱ったグリットがわかりやすいと思うが、小学四年生から六年生という期間は、教育の影響を論じる上であまりにも短い。多くの人が気になるのは、小学校低学年で朝ご飯を食べるようになれば学力は上がるのか、グリットが高い子どもが将来仕事で成功するのかといったことだろう。このような分析をするためには、より初期の(あるいはより後期の)子どもの状況がわかるようなパネルデータが必要である。

これがかなり難しい。たとえば、ほとんどの子どもが通う公立の小中学校は市町村教育委員会の管轄だが、就学前の幼稚園・保育所には私立が少なくない。高校も私立学校が少なくないし、公立でも都道府県教育委員会の管轄になっていることが多い。このように、学校を監督する部署が異なるため、学力や生活習慣を含んだ子どもたちのデータ(=個人情報)を受け渡すことができない場合が多いのだ。だからといって、学校/教育委員会を経由せずに調査を行うと、今度は学校や教育委員会に関する情報がほぼ得られないという第1章で取り上げた問題が生じてしまう。

二つ目の課題は、調査対象になっていない子どもがいるという問題だ。いろは市学力パネルデータは学力調査を中心に設計されているため、学力調査を受験できない子どもたちは始めから分析の対象から外れている。たとえば、不登校の子どもたち、日本語がまだ十分に身についていない子どもたち、特別な支援を必要とする子どもたちなどだ。かれらも教育格差を考える上で重要な存在だが、本書の分析対象になっていないのである。

この問題も解決は容易ではない。もちろん行政・学校は、不登校の子どもたちや日本語の支援を必要とする子どもたちの情報を持っている。ところが一般に、学力調査を担当する部署と、課題を抱えやすい子どもたちを担当する部署は別であり、異なる部署間で子どもの情報をやりとりすることは、個人情報の保護の観点から制限されていることが多いのだ。いろは市も例外ではなく、異なる部署の情報を利用することは規則で禁じられている。箕面市のように、子どもに関する情報をすべての部署で統合的に扱うことのできるシステムを作る自治体もあるが、例外的な存在である(3)。

三つ目は、学校・教員の詳細な情報に欠けるという点だ。いろは市学力パネルデータは、就学援助率など学校の社会経済的背景に関する変数は利用できるものの、より詳細な学校・教員に関する変数(たとえば担任の年齢や経歴、あるいは教育に対する考え方など)は調査できていない。これは、学力調査とともに教員調査を行うことが、テストで教員を序列化する教員評価に繋がることが警戒され、教育関係者に忌避されているという事情による。現在でも、日本を対象に学力調査・教員調査が同時に行われている調査は、ＴＩＭＳＳなどごく一部の調査に限られる。ただ、これでは学校でどのような教育を行えばよいのか／どのような教員・授業が学力を向上させるのかといった、教育関係者がもっとも知りたいだろう情報を知ることができない。教員評価に繋がらないよう一部の教員を対象に抽出調査を行うなど、考えられる方法はいくつかある。今後も粘り強く調査の必要性を訴えていくしかない。

なお、これらの課題に加えて、調査にかかる費用も重要であることを指摘しておきたい。いろは市学力パネルデータはできるだけ既存の調査を利用し、人件費は手弁当にすることで大幅に経費を抑えているが、それでも年間百数十万の費用が必要になっている。仮に学力調査も独自に実施するとなれば、一回の費用は数千万円規模になることも珍しくない。これを就学前から義務教育卒業後まで行うとなると、たとえ数年間隔で調査を行ったとしても、調査期間全体では軽く億を超える予算が必要になってしまう。この規模の予算は、数名の研究者で用意できるようなものではない。そもそも一般の研究者が獲得できる予算は、長くても五年程度の研究しか想定しておらず、就学前から高校卒業までといった一〇年を超える規模の研究を扱うには向いていないのだ(4)。

ここまで論じてきたように、個人情報の保護、教員評価に繋がることへの警戒感、あるいは予算の問題があるため、いろは市学力パネルデータを超えるデータを整備することは相当に難しい。個人的には、文部科学省や都道府県の教育委員会など、それなりの規模と権限を持った教育行政機関が中心になり、データを取得・整備する仕組みを整えるべきだと考えている。就学前から高校卒業(あるいは就職)を見据え、長期にわたってデータを整備できる主体は、国や地方自治体くらいしか考えられないのだ。今のところ、文部科学省を始め、単年度の学力調査を行っている自治体がほとんどなので、道のりは非常に険しい。

そうは言っても、わざわざ国や地方自治体が学力調査を実施するのは、子どもたちが将来社会で活躍するために学力が高いことが重要だと信じているからだろう。であれば、その成果を検証する仕組みが整えられていないというのは、行政の仕組みとして問題がある。費用対効果やエビデンスの重要性が叫ばれる昨今であるからこそ、中長期的なデータを取得する国や地方自治体の役割に期待したい。

実は二〇二一年現在、こうした仕組みを整えようという動きが見えなくはない。先ほど紹介した箕面市の先駆的な取り組みもそうだし、国のレベルでもＩＣＴを活用する教育ＤＸの一環として、子どもに関わるさまざまな情報(端末を通して得られる学習情報はもちろん、関わる教員や保護者に関する情報まで)を一元管理しようという動きがある(松岡編 二〇二一)。その具体的な姿はまだ見えないが、仮に、この提案がうまくいくのであれば、就学前から卒業後までの子どもたちの実態を追跡できるデータが生まれるかもしれない。そうすれば本書で行ったような分析を、日本全体あるいは各自治体で行うことができるようになるだろう。

一方で、子どもに関する情報を一元的に管理する動きに懸念の声があることも事実である。恐らく多くの人が気になるのは個人情報の問題だろう。子どもの家庭環境や進学・就職、あるいは関わった教員といった情報は、個人情報の塊である。そうした個々人の動向を行政が把握できるような仕組みは、プライバシーの観点から問題があるという疑問は当然である。一方でこのようなデータがなければ、教育政策は「思いつき」で行うしかなくなるし、成果の検証もできない。個人情報の保護は重要だが、だからといって政策を思いつきでやってよいという話にもならない。両者のバランスを取る仕組みづくりが求められている。

2.2　調査を専門とする組織の設立と人材育成

中長期的かつ包括的なデータが必要だという論点に関わって次に議論すべきは、調査を行い、データを整備する組織の設立と、そこに関わる人材の育成が必要だという点だ。もちろん各自治体に一人や二人では不十分である。大規模かつ中長期的な学力調査の場合、たとえ実査を外部に委託するとしても、仕様書の策定やスケジュール管理に十数名のスタッフは必要だろう(5)。

このような調査やデータ管理を専門とする組織を作ることは、前項で論じた個人情報保護の観点からも有益である。一般にデータ分析を行う人々は「誰が」という個人情報を必要としておらず、ＩＤ化され匿名化された情報であっても十分な分析が可能である。そのため、データ管理を行う部署が情報を匿名化し、それを必要とする人々に提供するという形を取れば、個人情報を守ることもできるだろう。もちろん匿名化を行う部署に所属する職員に高い倫理意識と技術が求められることは言うまでもない。

調査やデータ管理を専門とする組織を作ることは、調査の精度を高めるという利点もある。たとえば全国学力・学習状況調査の場合、調査を実施するのも分析するのも同じ文部科学省である。こうなると、適切な調査を行うと過去の教育政策の誤りが発覚し、自らの組織がダメージを負う可能性がある。そのため、調査結果を歪めた方が好ましいというインセンティブが働きやすいのだ。第2章で指摘したように、全国学力・学習状況調査の設計は折々の教育政策に合わせて頻繁に変更されており、パネルデータ分析を行うには都合の悪い特性を持ってしまっている。調査を専門とする部署を作ることで、こうした弊害を改善できるだろう。

もっとも、これも簡単ではない。実現のためには、日本の教育行政の働き方を変える必要があるからだ。よく知られているように、日本では複数の部署を経験しつつ、だんだんと昇進していくという働き方が一般的である（濱口 二〇〇九）。このような働き方が主流のままでは、せっかく調査やデータ管理を専門とする組織を設立しても職員が二〜三年で異動してしまい、調査の経験が蓄積されない。頻繁に部署間の異動が行われると、職員が他部署の事情に配慮するようになるから、調査を歪めるインセンティブが発生しやすくなることも問題だ。

データ整備にかける予算と人員が不足しているという点も課題である。データの管理・整備を担当するには、最低でも十数名のスタッフは必要だろう。ところが財政難が叫ばれていることもあって、多数の人員を必要とする部署を設置することは国民から厳しい視線を向けられがちである。二〇二一年一〇月には、国の教育研究機関である国立教育政策研究所に学校教育のデジタル化に伴う拠点として、教育データサイエンスセンターが設置されることになったのだが、その定員はわずか五名に過ぎなかった(6)。これでは全国学力・学習状況調査すら管理できるかどうか怪しい。いくら財政難とはいえ、データ整備すら満足に行えないようでは、国の将来が危ういと言わざるを得ない。

そもそも人材の養成も十分ではない。学力調査に関して言えば、テスト設計の専門家の育成がうまくいっていないことは、十数年前から指摘されてきた(木村 二〇一〇)。ところが、このような指摘は顧みられることがなく、むしろ学校現場で「即戦力」となるための学級経営や学校経営のスキルが重視される改革が続いている。結果として、教育学部であっても学力調査の設計や分析に関する技術はほぼ学べないという事態に陥っている。

国のレベルでこの有様なのだから、地方自治体の状況も苦しい。とくに東京から離れた地方の実態は深刻だ。いろは市学力パネルデータの場合、データの整備は編者である川口が一人で担当している。ほんらいであれば、教育測定や社会調査、データの匿名化を専門とする数名のスタッフが必要なのだが、残念なことにこうしたスキルを持った人員が地方に少なく、そもそも人員を雇う予算さえ認められていないために、このような体制を取らざるを得なかった。これでは持続可能性がないことは目に見えており、編者に何らかのトラブルがあれば、調査計画は即座に頓挫するという状況である。

近年は、教育界でもＥＢＰＭ(Evidence Based Policy Making：証拠に基づく政策立案)がもてはやされており、何かと「エビデンス」を出せと言われることも多い(大槻 二〇二二)。エビデンスが重要であることは論をまたないが、エビデンスのもととなるデータはほとんど整備されておらず、整備のための人員も予算も整っていないというのが現状である。このような深刻な実態に目を向け、改善のための予算や人材育成が優先されるべきだろう。

2.3 社会の意識

ここまでデータ整備の重要性と、そのための組織の設立や人材育成を訴えてきた。それにしても、データの整備や人材の重要性など、誰でもわかりそうなことである。なぜ今更そんなことを強調しなければならないのかと思った人もいるかもしれない。

実はそこには、私たちの社会の仕組みが、現状の方が「都合がよい」と考えてしまう構造になっているという問題が存在する。たとえば私たちは、「政策に効果がなかった／悪い影響があった」という報道を目にすると、すぐに行政の失敗を追及しがちである。ところがこのような失敗を責める姿勢は、データ分析と相性が悪い。適切にデータを分析すると、これまでの政策や実践に効果がなかったとか、場合によっては逆効果だったという「都合の悪い」結論が出てしまうことはしばしばあるからだ。だから私たちは、政策の失敗を責めるのではなく、「効果を検証せずに政策を進めること」「失敗という結論が得られている政策を何度も行うこと」を責めるべきなのである。とくに日本の官僚（あるいは教育行政）の世界は減点主義で、政策が失敗であったことを認めてしまうと、自らの評価や組織が致命的なダメージを受ける可能性がある（鈴木 二〇一八）。そのため適切なデータを取得するより、その折々の政策にあわせて結果を歪めた方が都合がよいという判断に傾きがちである。

教育現場にとっても、データを適切に扱うインセンティブが働きにくいという事情は似たようなものである。データというのは過去の人々の行動履歴である。そのためデータからわかることは、基本的に過去の実態に過ぎない。とくにパネルデータのように中長期にわたるデータの場合、その分析結果はどうしても「一〇年前の子どもたちの結果を分析すると、このようなことがわかりました」という昔の話になってしまう。一方、学校現場が求めているのは、今目の前にいる子どもたちに何をすればいいのかという具体策である。このタイムラグは大きい。職場に余裕があれば、過去のデータをもとに現在の実践を検討する時間もとれるだろう。しかし多忙を極める学校現場からすれば、(その効果は不明瞭でも)何となく説得力のある「早寝早起き朝ご飯」「非認知能力」といったキャッチフレーズに期待したくなるし、何ならデータの整備に必要な人員を雇うよりも、その予算で職員を増やしてくれというのが本音であろう。

恐らく、こうした教育行政や学校現場の実情が、第1章で説明した日本の学力調査の惨状に加担してしまっている。ただ、このままでは教育格差の現状をこれ以上改善することは難しい。子どもの貧困／教育格差が社会問題化し、教員の多忙が注目を集める昨今、学校や教員の努力だけに期待する政策では持続可能性がないことは目に見えている。そろそろ家庭環境や地域の社会経済的状況が子どもたちの学力や生活に大きく影響しているという現実を直視し、「やりっ放し」の教育政策から脱する時期に来ているように思う。

ここで重要なのは、短期的な目標に目を向けるのではなく、未来の社会に何を残せるのかという観点から考えるということだ。目の前の子どものことだけを考えて学力調査を設計すれば、それは現在の全国学力・学習状況調査がそうであるように、日々の確認テストか入学試験のようなものになってしまうだろう。得られたデータは、目の前の子どもたちがいなくなれば、毎年「死蔵」されていくだけである。しかし本書で見てきたように、学力調査には中長期的な目的もある。教育格差を始めとする現在の学校教育の実態を記録し、五年先・一〇年先に私たちが現状を改善できたのかどうかを知るためのベンチマークとして利用するという目的がそれである。

このような中長期的な視点で眺めると、ほとんどの自治体は(国でさえも!)、十数年前に全国学力・学習状況調査が開始されたときの実態を記録したデータを持っていない。この十数年、私たちは記録もとらず同じ場所で足踏みをしていただけなのである。こんな有様では、将来の学校教育を担う若い世代に対し、「これが私たちの行ってきた学力調査の成果だ」と胸を張ることはできない。

中長期的な目標を見据えて、大きく現状を変える決断を教育行政や政治家が下せるかどうかは、私たち一人一人がその決断を支持するかどうかにかかっている。私たちがどうでも良いと思えば、現状はどうあがいても変わらない。だから本書を読んで何かしなければならないと思った方は、各自にできることをしてほしい。

教育関係者ではない一般の読者にもできることはある。「教育格差」という言葉を広めた松岡亮二が語っているように、その最初の一歩は、実態把握を大事にしている研究者の本を買ったり、政治家に投票したりすることだ(松岡編 二〇二一)。そんなことで社会は変わらないと思うかもしれないが、それは違う。この二〇年のあいだに格差社会、教育格差という言葉はだいぶ日本社会に浸透してきた。これは不況が長引き、格差がリアリティを持ったということもあるが、「格差」という言葉に人々が敏感になり、関連する書籍やウェブサイトが参照されるようになったことも影響している。一人一人の行動は、確かに社会を動かすのだ。

あなたが教育行政の関係者や政治に関わる人なら、もっとやれることがある。既存のデータをうまく使うだけでも、本書で見いだしたような知見を作ることはできる。自分たちだけで難しくても、研究者の力を借りることもできる。既にいくつか似たような取り組みをしている先進的な自治体があるから、その取り組みを参照しても良いだろう。

そしてできるなら、データ分析を担う組織の設立や雇用、あるいは人材育成にも目を向けてほしい。学力調査に限らず、教育行政が有するデータは将来の世代に残すべき財産である。データを死蔵するのではなく再分析し、教育格差の現状を明らかにするとともに、さまざまな教育政策の何がうまくいっていて何がうまくいっていないのかという情報を、未来の人々に向けて発信するべきだ。そうした知見の積み重ねで、私たちは僅かずつでもよりよい学校教育を手に入れることができる。「やりっ放し」の教育改革のループを抜け出すために、私たちがなすべきことは明らかである。

3 教育格差の実態把握のための読書案内・ウェブサイト

本書を終えるにあたって、いくつか読書案内と関連するウェブサイトを紹介しておこう。本書を読んで、教育格差や教育問題の実態把握、あるいは行政が行う新しい教育調査の形に関心を持った方は参考にしてほしい。

3.1 教育格差や教育問題について学ぶ

まずは、教育格差や教育問題の概要を知ることから始めよう。中でも①がお薦めだ。これは日本の教育格差に関する先行研究を包括的にまとめた新書である。日本の教育格差について、何がわかっていて何がわかっていないのかを知ることができる。②や③は高校生向けに書かれた書籍だが、いじめや不登校といった世間を騒がせる教育問題が本当に「問題」なのかどうか、あるいは日本の教育改革は適切に行われてきたのかどうかをわかりやすく整理・検討している。

その他、本書の執筆陣の多くは、教育社会学と呼ばれる学問分野を中心に活動している。教育社会学に関するテキストは数多く出版されているが、ここでは本書の執筆者の一人である松岡が共編となっている④のテキストを挙げておきたい。教育関係者を念頭に置いて執筆された良書である。

①松岡亮二、二〇一九、『教育格差――階層・地域・学歴』ちくま新書。

②広田照幸・伊藤茂樹、二〇一〇、『教育問題はなぜまちがって語られるのか?――「わかったつもり」からの脱却』日本図書センター。

③布村育子、二〇一三、『迷走・暴走・逆走ばかりのニッポンの教育――なぜ、改革はいつまでも続くのか?』日本図書センター。

④中村高康・松岡亮二編、二〇二一、『現場で使える教育社会学――教職のための「教育格差」入門』ミネルヴァ書房。

3.2 調査について学ぶ

教育問題・教育改革に関する基本的な知識を得たら、次に調査法や統計学について学ぶといいだろう。ここで注意してほしいことが、一口に教育に関わる調査や統計といっても、いくつかの「流派」があるという点だ。本書の内容と関わるのは、社会調査・心理統計(心理測定)・因果推論の三つである。いずれも統計という根っこは共通しているのだが、それぞれ「こだわり」が異なっているので、自分の関心と異なる入門書を手に取ってしまうと混乱するだろう。

個人的な見解だが、本書の問題意識に共感した人は、まず社会調査から学ぶべきだ。①は版を重ねた良書である。本書の第2章で説明した概念をより詳しく説明してくれている。本書の内容をより深く理解したいという場合は、この本から手に取るとよい。社会調査の基礎に慣れたら、それから心理統計や因果推論へ進もう。②は心理統計学を学ぶ上で必要になる基礎概念を丁寧に説明したものである。統計学の基礎を養うという意味でもお薦めである。また、③は「学力を測る」とはどういうことかわかりやすく解説している。心理測定に関心のある方はこの本を読むと良いだろう。因果推論については、④や⑤がお薦めである。④は教育に関する事例を豊富に扱っているので、教育関係者は読みやすいと思う。⑤は直接に教育を扱っているわけではないが、因果推論という考え方を学ぶには有益である。

①轟亮・杉野勇・平沢和司編、二〇二一、『入門・社会調査法——2ステップで基礎から学ぶ〈第

4版〕』法律文化社。
②南風原朝和、二〇〇二、『心理統計学の基礎――統合的理解のために』有斐閣アルマ。
③光永悠彦、二〇一七、『テストは何を測るのか――項目反応理論の考え方』ナカニシヤ出版。
④中室牧子、二〇一五、『「学力」の経済学』ディスカヴァー・トゥエンティワン。
⑤伊藤公一朗、二〇一七、『データ分析の力 因果関係に迫る思考法』光文社新書。

3.3 本書と類似した取り組みについて

最後に、本書と同じように同一の子どもたちを追跡し、教育格差の実態や教育政策の効果を明らかにしようとするいくつかのプロジェクトを取り上げておく。教育改革「やりっ放し」の現状を変えようと考えるなら、こうしたプロジェクトが参考になるだろう。

まずは自治体が運営に関わる調査を取り上げる。①は項目反応理論と呼ばれるテスト理論を利用することで、「学力の伸び」を測ることを可能にした学力調査である。その意義と概要は、松岡編（二〇二一）にも紹介されているので、関心のある方は参考にしてほしい。②は本書でも何度か言及した大阪府箕面市の取り組みである。子どもに関する情報を一元的に管理する仕組みを全国に先駆けて導入している。類似の例には、③の兵庫県尼崎市の取り組みや、④の東京都足立区の取り組みがある。

大学などの研究機関が主体となったプロジェクトもある。⑤は東京大学社会科学研究所とベネッセが共同で実施する大規模なパネルデータである。あいにく学校に関する情報はあまり得られないが、将来的には小学一年生から高校卒業後までの変化を把握できる可能性を持っている。⑥は慶應義塾大学のパネルデータ設計・解析センターが運営する調査である。もともと世帯を対象にした家計パネル調査の付帯調査として開始されたため学校の情報を得ることはできないが、国際比較も念頭に設計された質の高い調査である。

①埼玉県学力・学習状況調査(https://www.pref.saitama.lg.jp/f2214/gakutyou/20150605.html)。
②子ども成長見守りシステム(https://www.city.minoh.lg.jp/mimamori/)。
③学びと育ち研究所(https://www.city.amagasaki.hyogo.jp/manabu/msk/index.html)。
④未来へつなぐあだちプロジェクト(https://www.city.adachi.tokyo.jp/sesaku/miraihetunagu adachipurojekuto.html)。
⑤東京大学社会科学研究所・ベネッセ教育総合研究所編、二〇二〇、『子どもの学びと成長を追う——二万組の親子パネル調査から』勁草書房。
⑥赤林英夫・直井道生・敷島千鶴編、二〇一六、『学力・心理・家庭環境の経済分析——全国小中学生の追跡調査から見えてきたもの』有斐閣。

注

(1) これまで行われた全国学力・学習状況調査の質問紙の内容については、国立教育政策研究所のＨＰを参照してほしい(https://www.nier.go.jp/kaihatsu/zenkokugakuryoku.html)。
(2) 日本の教育改革の問題点については、松岡編(二〇二一)を参照してほしい。また、大学改革の迷走については、佐藤(二〇一九)が参考になる。

(3) 箕面市の取り組みについては、同市のHP(https://www.city.minoh.lg.jp/mimamori/)を参照のこと。

(4) 研究者が利用しやすい経費として、日本学術振興会の科学研究費(https://www.jsps.go.jp/index.html)がある。しかし、補助期間は長くても五年程度であり、中長期のパネルデータの構築には向いていない。

(5) たとえば全米学力調査(NAEP: National Assessment of Educational Progress)では、十数名のスタッフが配置されている(https://nces.ed.gov/nationsreportcard/)。

(6) 国立教育政策研究所「教育データサイエンスセンターの設置について」(https://www.mext.go.jp/content/20210615-mxt_chousa02-000015970-2.pdf)。

参考文献

濱口桂一郎、二〇〇九、『新しい労働社会——雇用システムの再構築へ』岩波新書。

木村拓也、二〇一〇、「日本における「テストの専門家」を巡る人材養成状況の量的把握」『日本テスト学会誌』六(一)、二九-四九頁。

松岡亮二編、二〇二一、『教育論の新常識——格差・学力・政策・未来』中公新書ラクレ。

落合恵美子、二〇一九、『二一世紀家族へ——家族の戦後体制の見かた・超えかた〔第4版〕』有斐閣。

大槻達也、二〇一二、「エビデンスを活用した教育政策形成」国立教育政策研究所編『教育研究とエビデンス——国際的動向と日本の現状と課題』明石書店。

佐藤郁哉、二〇一九、『大学改革の迷走』ちくま新書。

鈴木亘、二〇一八、「EBPMに対する温度差の意味するところ」『医療経済研究』三〇(一)、一-四頁。

あとがき

本書は、とある自治体の学力調査を、編者が代表を務める研究者チームで分析した成果です。小学四年生から六年生という短い期間ですが、既存のデータをパネルデータにすることで、教育格差の実態を示しました。恐らく本書の読者の中には、パネルデータが重要だ／保護者に関する情報が重要だという話を聞いたことのある方もいるでしょうが、では具体的に何ができるのか／わかるのかまでは、なかなか知られていないように思います。本書が、そのヒントになれば幸いです。

本書を締めくくるにあたって、なぜ私がこのような調査を行ったのか、その動機を説明しておきましょう。もともと私は、家庭環境に由来する子どもの学力格差に関心を持っていました。大学院へ進んで気づいたのが、日本の学力調査の質が、アメリカやイギリスといった「学力調査の先進国」のそれと比べ、明らかに劣っているという点です。本書で論じたように、日本の学力調査は単年度のものがほとんどですし、子どもの社会的属性もまず調査できません。ところが欧米には、数年あるいは十数年の期間にわたって子どもの学力の変化を追跡し、その結果を分析している論文がいくつも存在していました。家庭環境の情報も当然のように記載されており、保護者の学歴や就学のための補助を受けているかどうか、あるいは子ども自身の性別、民族（黒人であるかどうか、あるいは少数民族の出身かどうか等)といった属性情報が子細に検討されていたのです。

二十数年前に開始されたＰＩＳＡやＴＩＭＳＳといった国際的な学力調査にも衝撃を受けました。これらの調査は国際比較を主目的としているため、同じ子どもを追跡する設計にこそなっていませんが、オンラインで個票がすべて公開され、インターネットに接続できれば誰でも分析できるようになっていたのです。学力調査の個票が個人情報として秘匿され、研究者への提供すらめったに行われない日本と比べると彼我の差は圧倒的でした。

二〇〇七年に日本でも全国学力・学習状況調査が始まりましたが、前著『全国学力テストはなぜ失敗したのか』(岩波書店、二〇二〇)で論じたように、その水準は欧米の調査はもちろん、国際的な調査にも遠く及ぶものではありませんでした。日本の学力調査は、世界から数十年は遅れているのです。さらに危機感を募らせたのは、これだけ差があるのに、どうやら世の人はそれほど問題だと思っていないようだという点でした。毎年学力調査とは名ばかりのテストが行われ、そのデータが死蔵されているのにそれでいいのだろうか。何か自分にできることはないのか。そう考えたのが、調査を始めるきっかけです。

とはいえ、一個人にできることはそれほど多くありません。本書でも書きましたが、東京ならともかく、地方にいると学力調査のデータを整備・分析できる技術を持った人材というのは稀な存在です。そこでまずは、自分自身がいろいろな人の話を聞き、学力調査に関する技術を学ぶようにしました。本書をともに執筆した五名のメンバーは、その過程で出会ったり、議論を深め合ったりした人たちです。松岡亮二・垂見裕子らの国際的な調査の潮流に詳しい研究者には、国際的な学力研究の動向を伺いました。土屋隆裕とは全国学力・学習状況調査の専門家会議で知り合い、標本抽出の観点を中心にアドバイスを受けました。知念渉・数実浩佑の両名は、私の大学院時代の後輩で、いずれも教育格差に関心を持つ研究者です。学力調査や統計分析について、私が重要だと思いつつ、どうしても時間の都合もあって断念したアプローチを追求しており、機会があれば調査を一緒に設計したいと考えていました。

もっとも、実際に学力調査を行う機会はなかなか訪れませんでした。本書でも触れたように、教育行政が外部の研究者に学力調査を分析させると、場合によっては自らの政策の失敗が明らかになるリスクがあるからです。学力調査を専門の一つとしているため、私の研究室にはときどき自治体の関係者がアドバイスを求めてやってくるのですが、かれらが求めていたのは、小学六年生・中学三年生を全国学力・学習状況調査に慣れさせるための準備テストをどう作るかということであり、教育格差の実態把握や教育政策の効果検証はそもそも関心の外にあることがほとんどでした。

その意味では何よりもお礼を申し上げたいのは、データ貸与を承諾してくださった、いろは市教育委員会の皆さまです。中でもお名前を挙げることはできませんが、Y氏に特別のお礼を申し上げたいと思います。数年前、本調査のきっかけとなった文部科学省委託事業の相談をした折りに、二つ返事で「やりましょう」と言ってくれたことが、調査が大きく進むきっかけとなりました。残念ながら、その後Y氏は病に倒れ、報告書の完成を見ることなく世を去ってしまいました。氏の決断がなければ、本書が世に出ることもなかったでしょう。この場を借りて、お礼を申し上げます。

岩波書店の大竹さんには、前著に引き続き、お世話になりました。ほんらいもう少し余裕を持って進行する予定だったのですが、いくつか仕事が重なり、ご迷惑をおかけしてしまいました。なんとか完成にこぎ着けたのは、大竹さんのスケジュール管理の賜物です。

いろは市学力パネルデータの試みは、まだ続いています。その意味では、本書は「とりあえず」の報告書に過ぎません。今はまだ一自治体の結果ですが、これが他の自治体、あるいは日本全体で取り組まれることを望んでいます。『全国学力テストはなぜ失敗したのか』のあとがきでも書きましたが、本書の知見がいつまでも参照されることは私の望みではありません。教育データが整備され、子どもたちの学力や生活実態の変化、あるいはそれと教員・学校の指導や教育政策がどう繋がっているのか分析できるようになれば、本書の知見など過去のものになるでしょう。本書が参照されない時代が来ることを切に望みます。

川口俊明

執筆者紹介

【編者】

川口俊明(かわぐち・としあき)　調査の概要，第1章，第2章，終章，あとがき
奥付参照

【執筆者】

松岡亮二(まつおか・りょうじ)　第3章
早稲田大学准教授．著書に『教育格差――階層・地域・学歴』(ちくま新書)，(共)編著に『教育論の新常識――格差・学力・政策・未来』(中公新書ラクレ)，『現場で使える教育社会学――教職のための「教育格差」入門』(ミネルヴァ書房)，他．

数実浩佑(かずみ・こうすけ)　第4章
宝塚大学講師．論文に「学力格差の維持・拡大メカニズムに関する実証的研究――学力と学習態度の双方向因果に着目して」(『教育社会学研究』101)，「学業成績の低下が学習時間の変化に与える影響とその階層差――変化の方向と非変化時の状態を区別したパネルデータ分析を用いて」(『理論と方法』34(2))，他．

垂見裕子(たるみ・ゆうこ)　第5章
武蔵大学教授．共著に「ひとり親世帯と二人親世帯で育つ子どもの学力格差――ジェンダーと地域規模に着目して」耳塚寛明・浜野隆・冨士原紀絵編著『学力格差への処方箋』(勁草書房)，論文に「小学生の学習習慣の形成メカニズム――日本・香港・上海の都市部の比較」(『比較教育学研究』55)，他．

知念　渉(ちねん・あゆむ)　第6章
神田外語大学講師．著書に『〈ヤンチャな子ら〉のエスノグラフィー――ヤンキーの生活世界を描き出す』(青弓社)，共編著に『学力格差に向き合う学校――経年調査からみえてきた学力変化とその要因』(明石書店)，他．

土屋隆裕(つちや・たかひろ)　第7章
横浜市立大学教授．著書に『概説 標本調査法』(朝倉書店)，『社会教育調査ハンドブック』(文憲堂)，監訳書に『BAD DATA　統計データの落とし穴――その数字は真実を語るのか？』(ピーター・シュライバー著，ニュートンプレス)，他．

川口俊明
福岡教育大学准教授．著書に『全国学力テストはなぜ失敗したのか――学力調査を科学する』(岩波書店)，編著に『日本と世界の学力格差――国内・国際学力調査の統計分析から』(明石書店)，論文に「多重対応分析による子育て空間の分析――学校教育に関わる活動に着目して」(『家族社会学研究』32(2))，他．

教育格差の診断書 ―データからわかる実態と処方箋

2022年3月10日　第1刷発行

編　者　川口俊明（かわぐちとしあき）

発行者　坂本政謙

発行所　株式会社 岩波書店
〒101-8002 東京都千代田区一ツ橋 2-5-5
電話案内 03-5210-4000
https://www.iwanami.co.jp/

印刷製本・法令印刷

ISBN 978-4-00-061524-2　Printed in Japan